音と文字がつながる はじめてのハングルレッスン

イ・ダヒ

はじめに

みなさんは「アンニョンハセヨ？」「カムサハムニダ」「サランヘヨ」という言葉を耳にしたことがありますか？

K-POP や韓国ドラマがきっかけで韓国語を学ぼうとしている人にはなじみのある言葉だと思いますが、そうではない人も、もしかしたら聞いたことがあるかもしれません。

私も、日本語を勉強し始める前から「はじめまして」「こんにちは」「ありがとう」はどこかで聞いたことがあるので、知っていました。何となく耳で覚えていた言葉を、きちんと読み書きできるようになったときは、すごく嬉しかったです。

日本語の勉強を進めていくうちに、「ありがとう」は漢字で「有り難う」と書くんだと知り、「有る」ことが「難しい」という意味だと知ったときは、「日本語ってめちゃくちゃ面白い！」と思いました。

それは、音と文字がつながることで、理解がより深まった瞬間でした。母語ではなく外国語だからこそ、より特別で楽しく感じられたのかもしれません。もし、私がそのとき、ひらがなとカタカナを覚えていなければ、そして、日本語の勉強を続けていなければ、「ありがとう」という言葉は、私の中でずっと音として残るだけだったと思います。そして、日本語の面白さにも気づけなかったでしょう。

みなさんも、この本でハングルを読んで、書けるようになることで、たくさんの面白い発見ができるかもしれません。そうすれば、K-POP の曲の歌詞や、韓国ドラマのセリフへの理解が深まって、より楽しめることでしょう。

さあ、この本でゆるっと楽しく、韓国語の勉強を始めてみませんか？

2023 年 12 月　イ・ダヒ

ハングルの音と文字をつなげよう

PART 1 母音の音と形

PART 2 子音の音と形

PART 3 パッチム

PART 4 今すぐ使える「あの単語」をハングルで書いてみよう

PART 5 伝えたい「あのフレーズ」をハングルで書いてみよう

巻末付録

音声ダウンロードについて

DL00がついている部分は、以下の方法でお聞きいただけます。

▶パソコンをご利用の場合

「アルク ダウンロードセンター」をご利用ください。

【アルク　ダウンロードセンター】
https: //portal-dlc.alc.co.jp/

商品コード(7023051)で検索し、[ダウンロード]ボタンをクリックして、音声ファイルをダウンロードしてください。

▶スマートフォンをご利用の場合

英語学習アプリ「booco」(無料)をご利用ください。本アプリのインストール方法は、カバー袖でもご案内しています。商品コード(7023051)で検索して、音声ファイルをダウンロードしてください。(iOS、Androidの両方に対応)

ハングルのしくみ

韓国語の文字のことを「ハングル」と言います。
この本を１冊終えると、ハングルを読めて、書けるようになりますよ。
ここでは、韓国語の学習を始める前に知っておきたい「ハングルのしくみ」を紹介します。

1 子音と母音がいつも一緒！

ハングルは、子音と母音の組み合わせでできています。
基本の組み合わせは「子音１個＋母音１個」です。子音が左、母音が右に来る「左右パターン」と、子音が上、母音が下に来る「上下パターン」があります。
子音→母音の順に書きます。

2 子音のもう一つの顔、パッチム

基本の組み合わせである「子音１個＋母音１個」の下に、子音が来る場合があります。その子音のことを「パッチム」と呼びます。
ちなみに、パッチムは物を載せる「台」を意味する言葉です。下から支えるような形になってるので、まさに「台」ですね！

みなさんは、ハングルを覚えたらまず何をしたいですか？

韓国に旅行に行ってひたすら看板を読んでみたり、好きな芸能人の名前や好きな曲の歌詞を書いてみたり、ショッピングを思いっきり楽しんだり、韓国人の友達にメッセージを送ってみたり……。ハングルが身についたときの自分を想像しながら、一つずつ学んでいきましょう！

ハングルの音と文字をつなげよう

PART 1

母音の音と形

韓国語の文字「ハングル」は、子音と母音の組み合わせでできています。
このPARTのテーマは「韓国語の母音」です。
母音の音と形をつなげられるよう、音の違いに注目しながら
学んでいきましょう！

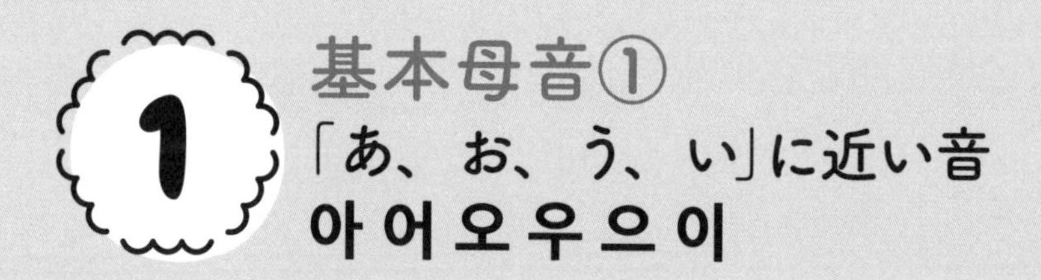

韓国語の母音は、全部で21個

日本語の母音は「あ、い、う、え、お」の５つですが、韓国語の母音はいくつあるでしょうか？

아 애 야 얘

어 에 여 예

오 와 왜 외 요

우 워 웨 위 유

으 의 이

赤色の部分が母音に当たり、全部で 21 個あります。少し多いように感じられるかもしれませんが、理屈が分かれば自然と読めるようになる母音もあります。そこがハングルの面白いところでもあります。

韓国語の母音の中には、日本語に似ている発音もあれば、日本語にはない発音もあります。繰り返し音声を聞きながら、少しずつ韓国語の音と文字をつなげていきましょう。あせらずゆっくり練習していきますよ！

母音についている丸いものは何？

母音についている**ㅇ**は、音がないことを表す子音です。
ハングルは、基本の組み合わせが「子音１個＋母音１個」です。
そのため、母音を表すときは、音のない子音である**ㅇ**と組み合わせます。**ㅇ**は上からスタートして、反時計回りにくるりと書きます。

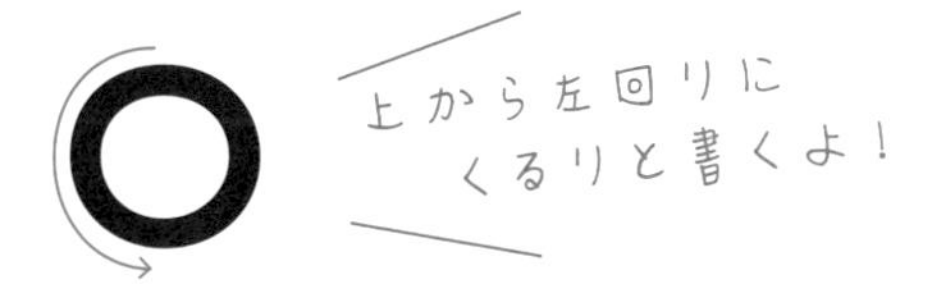

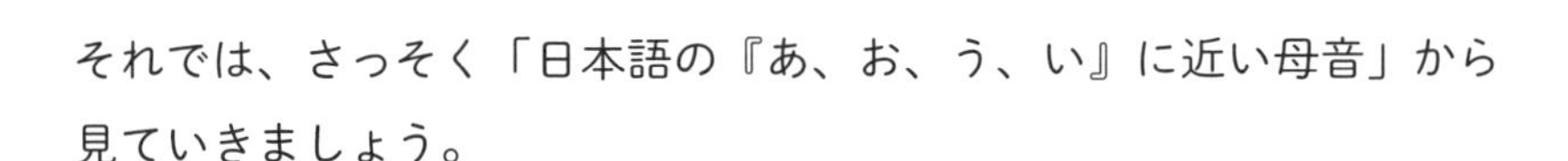

それでは、さっそく「日本語の『あ、お、う、い』に近い母音」から見ていきましょう。

基本母音　아어오우으이

音声を聞いて、声に出して言ってみましょう。
次に、書き順を見ながら、ハングルで書いてみましょう。

✦「あ」に近い音　아

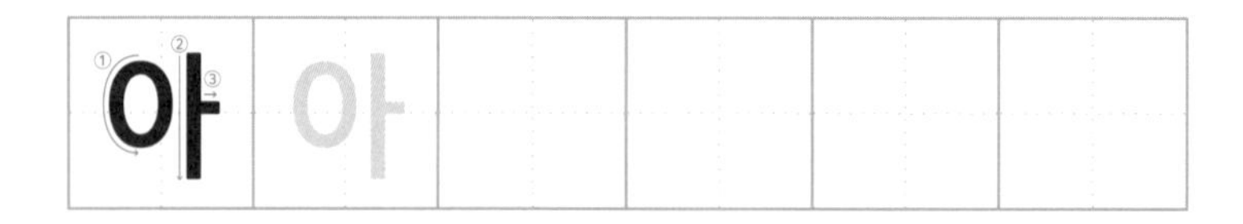

✦「お」に近い音　어と오

日本語の「お」に近い音は、韓国語には２つあります。

① 어

発音のコツ

「お」の口の形にして、あごは動かさずにそのままで！そして、口角が少し下がるぐらいまで、唇の力を抜いてください。その状態で「お」と発音します。

어	어				

ドラマによく出てくる**엄마**（オンマ：お母さん）、**언니**（オンニ：［妹から見た］姉）に入っている音だよ。あの音を思い出して発音してみて！

② 오

日本語の「お」とほぼ同じ発音です。

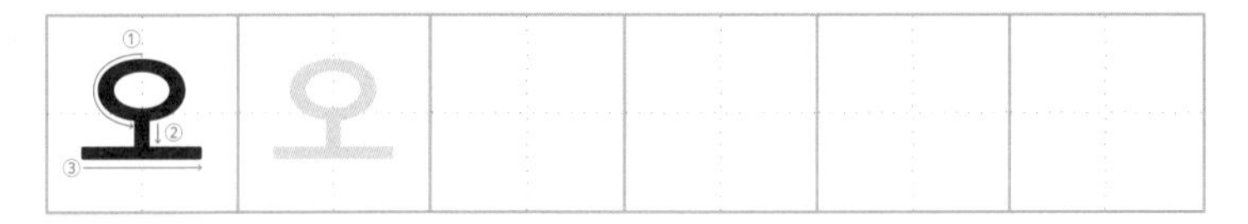

✦「う」に近い音　우と으

日本語の「う」に近い音も、韓国語には２つあります。

① 우

発音のコツ

「う」の口の形にしたら、そこからさらに唇を突き出します。
その状態で「う」と発音します。

②으

発音のコツ

「う」の口の形にしたら、唇の力を抜いて、下唇をゆるっとした状態に。
その状態で「う」と発音します。

으	으				

✦「い」に近い音　이

日本語の「い」とほぼ同じ発音です。

이	이				

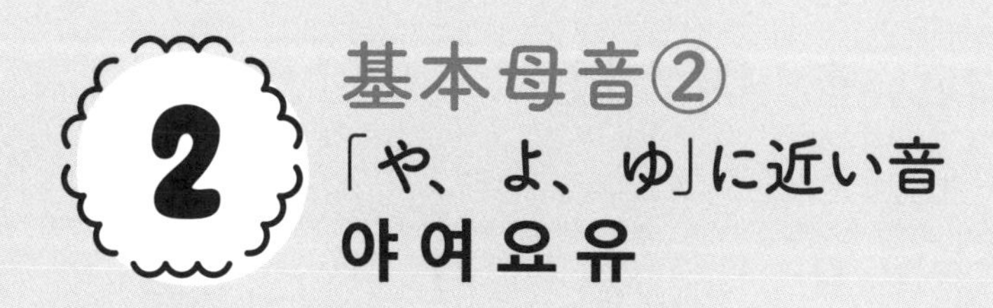

基本母音②
「や、よ、ゆ」に近い音
야 여 요 유

基本母音　야 여 요 유

音声を聞いて、声に出して言ってみましょう。
次に、書き順を見ながら、ハングルで書いてみましょう。

✦「や」に近い音　야

日本語の「や」とほぼ同じ発音です。

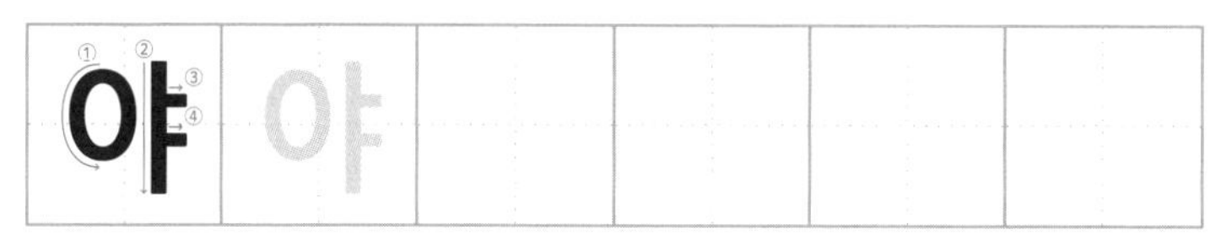

✦「よ」に近い音　여と요

日本語の「よ」に近い音は、韓国語には２つあります。

① 여

発音のコツ

「よ」の口の形にして、あごは動かさずにそのままで！
そして、口角が少し下がるぐらいまで、唇の力を抜いてください。
その状態で「よ」と発音します。

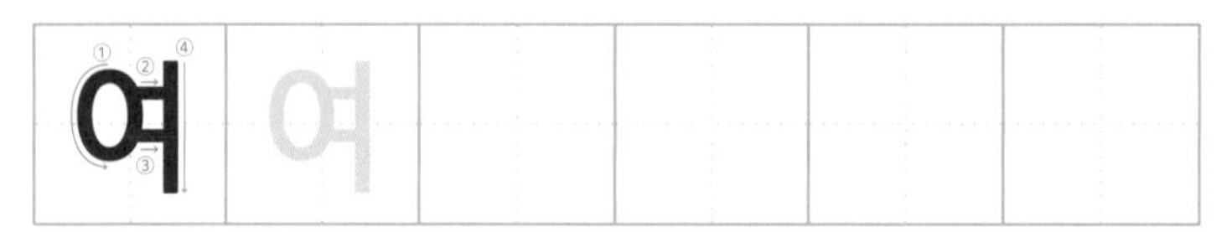

안녕하세요（アンニョンハセヨ：こんにちは）、**여보세요**（ヨボセヨ：もしもし）に入っている音だよ。 あの音を思い出して発音してみて！

② 요

日本語の「よ」とほぼ同じ発音です。

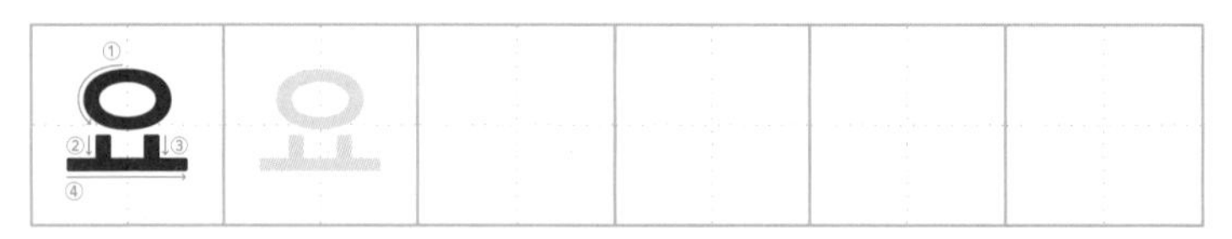

✦「ゆ」に近い音　유

日本語の「ゆ」とほぼ同じ発音です。

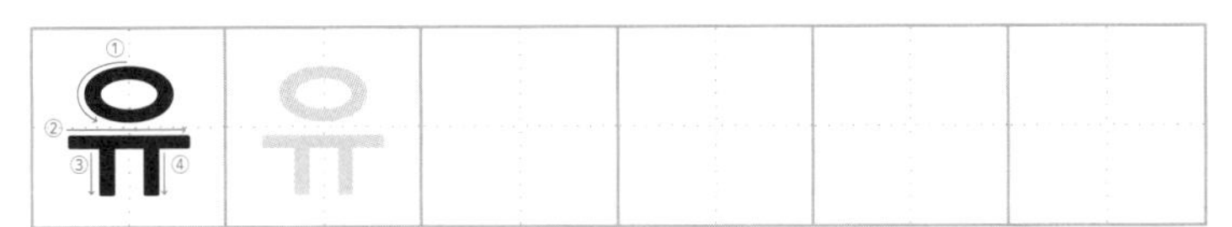

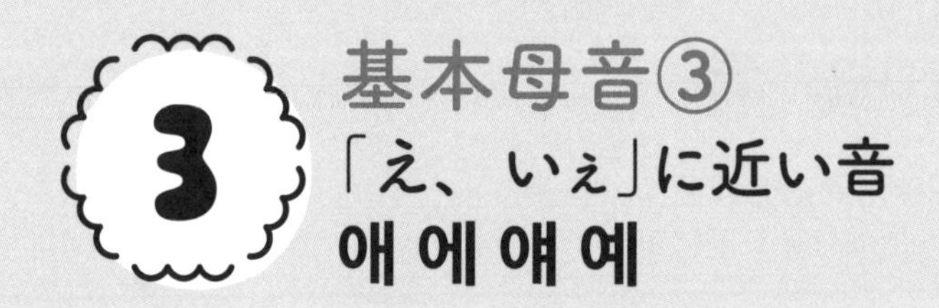

基本母音③
「え、いぇ」に近い音
애 에 얘 예

基本母音　애 에 얘 예

音声を聞いて、声に出して言ってみましょう。
次に、書き順を見ながら、ハングルで書いてみましょう。

✦「え」に近い音　애 と 에

日本語の「え」に近い音は、韓国語には２つあります。
この２つの音は、いずれも日本語の「え」の発音で通じます。
どちらを使うかは単語によって異なりますので、両方覚えましょう。

① 애

日本語の「え」とほぼ同じ発音です。

애	애				

② 에

日本語の「え」とほぼ同じ発音です。

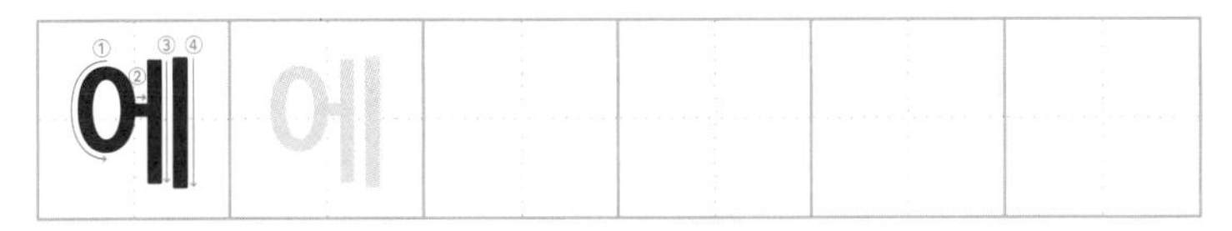

✦「いぇ」に近い音　얘と예

日本語の「いぇ」に近い音は、韓国語には２つあります。
この２つの音は、いずれも日本語の「いぇ」の発音で通じます。
どちらを使うかは単語によって異なりますので、両方覚えましょう。

① 얘

日本語の「いぇ」とほぼ同じ発音です

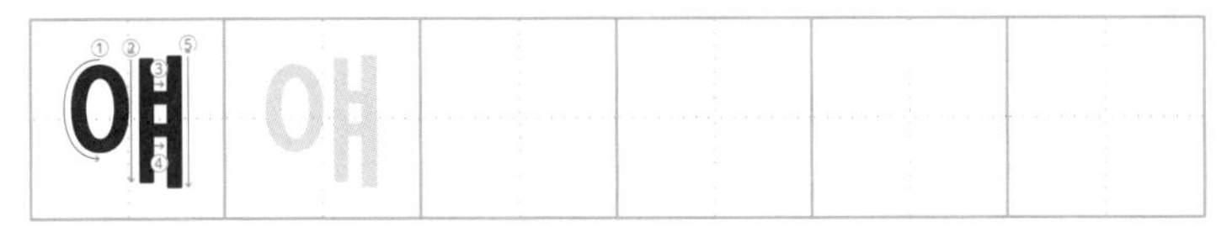

② 예

日本語の「いぇ」とほぼ同じ発音です。

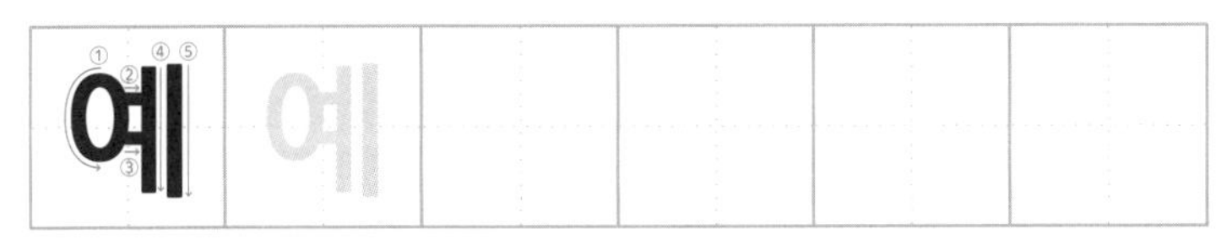

複合母音①
ㅗを土台とする複合母音
와 왜 외

複合母音とは？

これまで基本母音を学んできました。ここから３つに分けて「複合母音」について学びます。複合母音は、２つの基本母音を組み合わせたものです。複合母音には、「ㅗを土台にしたもの」「ㅜを土台にしたもの」「ㅡとㅣを組み合わせたもの」の３つがあります。

まず、ㅗを土台にした、３つの複合母音を学びましょう。日本語にも近い音がありますので、発音しやすいと思いますよ！

複合母音　와 왜 외

音声を聞いて、声に出して言ってみましょう。
次に、書き順を見ながら、ハングルで書いてみましょう。

✦「わ」に近い音　와

日本語の「わ」とほぼ同じ発音です。

✦「うぇ」に近い音　왜と외

日本語の「うぇ」に近い音は、韓国語には３つあります。ここでは、そのうちの２つを紹介します。
いずれも日本語の「うぇ」の発音で通じます。
どちらを使うかは単語によって異なりますので、両方覚えましょう。

①왜

日本語の「うぇ」とほぼ同じ発音です。

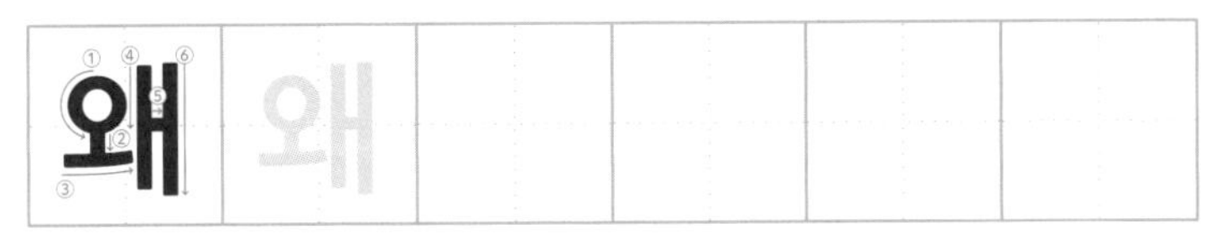

② 외

日本語の「うぇ」とほぼ同じ発音です。
なお、ㅗ（オ）とㅣ（イ）の組み合わせから予想される音とは異なりますので、注意しましょう。

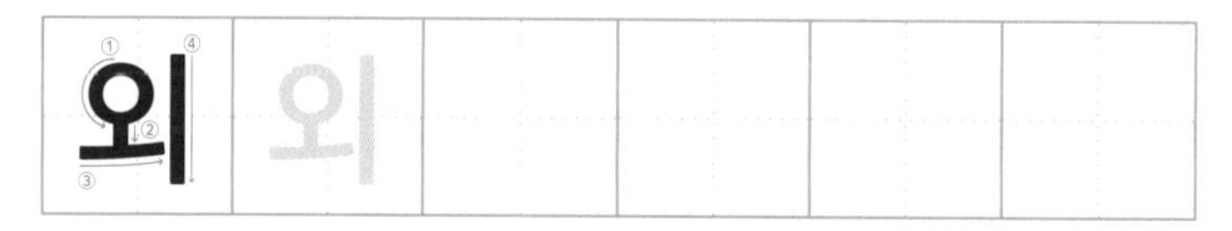

複合母音②
ㅜを土台とする複合母音
워 웨 위

複合母音　워 웨 위

今回は、複合母音のうち、ㅜを土台とするものを学びます。
音声を聞いて、声に出して言ってみましょう。次に、書き順を見ながら、ハングルで書いてみましょう。

✦「うぉ」に近い音　워

日本語の「うぉ」とほぼ同じ発音です。

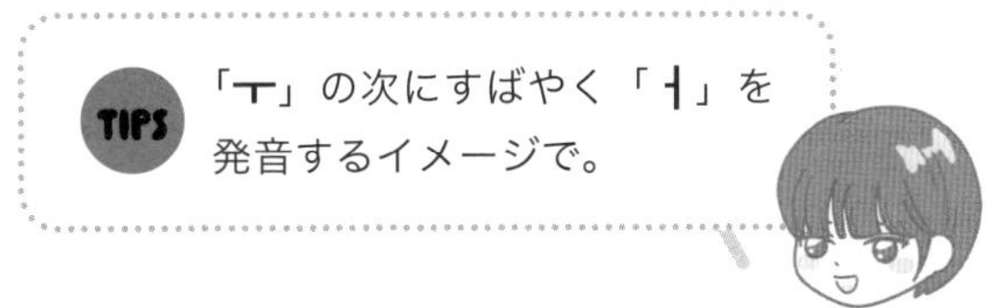

✦「うぇ」に近い音　웨

日本語の「うぇ」とほぼ同じ発音です。

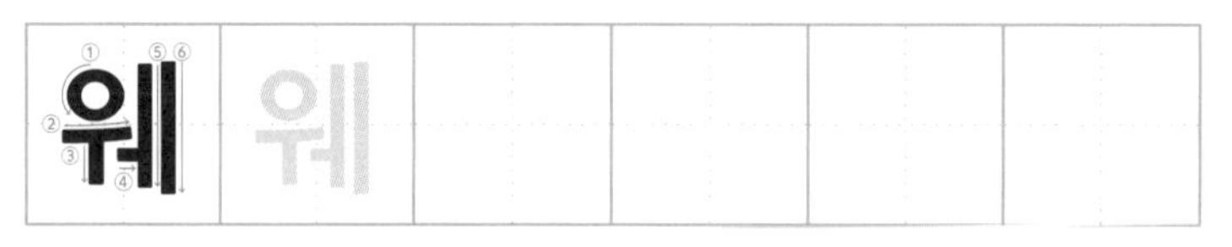

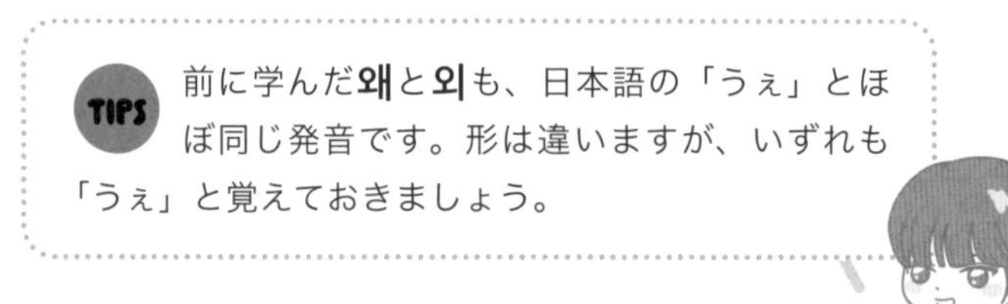

✦「うぃ」に近い音　위

日本語の「うぃ」とほぼ同じ発音です。

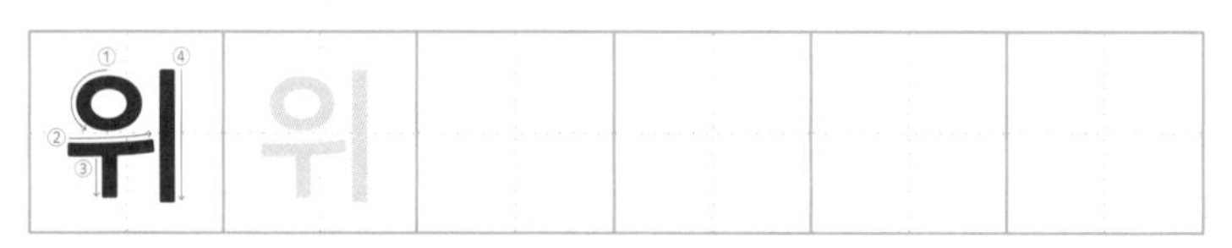

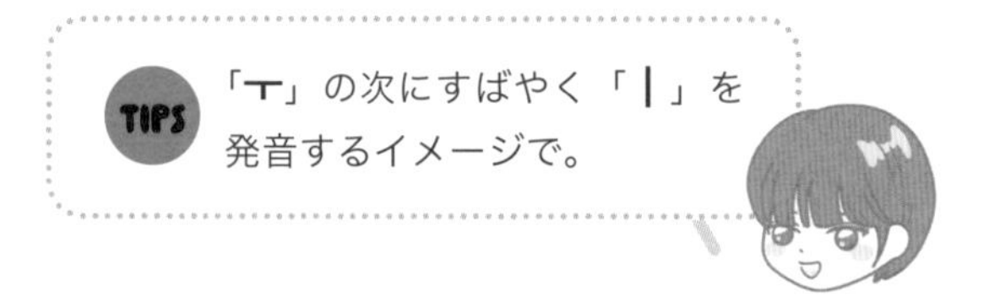

複合母音③
ㅡとㅣを組み合わせた複合母音
의

複合母音　의

今回は**複合母音の의**を学びます。音声を聞いて、声に出して言ってみましょう。次に、書き順を見ながら、ハングルで書いてみましょう。

日本語の「うぃ」と似ていますが､唇を突き出して発音すると､26ページの「**위**」に聞こえるので注意しましょう。

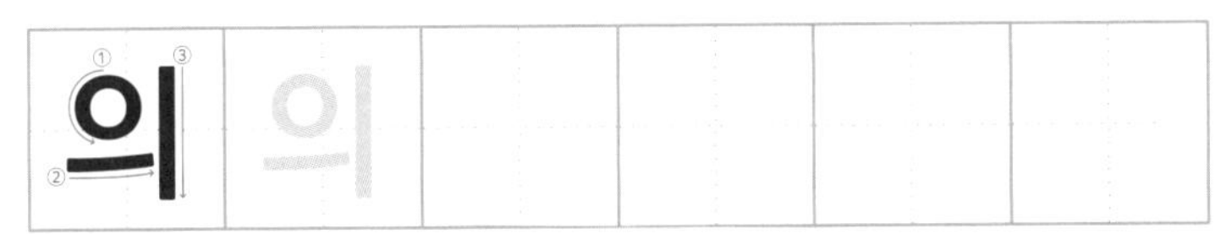

「**ㅡ**」の次にすばやく「**ㅣ**」を発音するイメージで。

単語の１文字目の「의」は「うぃ」に近い音ですが、２文字目以降の「의」は「い」に近い音で発音します。

単語にチャレンジ！

これまで学んだ母音だけでも、さまざまな単語が読めて、書けますよ。
音声を聞いて、声に出して言ってから、ハングルで書いてみましょう。
答えは 30 ページにあるので、参考にしてくださいね。

①

②

③

④

⑤

⑥

⑦

⑧

答え

① **아이**（あい）：子ども
② **야외**（やうぇ）：野外
③ **여우**（よう）：キツネ
④ **여유**（よゆ）：余裕
⑤ **오이**（おい）：キュウリ
⑥ **우유**（うゆ）：牛乳
⑦ **이**（い）：歯
⑧ **위**（うぃ）：上

ハングルの音と文字をつなげよう

PART 2

子音の音と形

このPARTのテーマは「韓国語の子音」です。
10の基本子音と、勢いよく息を吐きながら発音する「激音」、
息を出さないようにして短く発音する「濃音」について学びます。
何度も聞いて、子音の音と形をつないでいきましょう。

韓国語の子音は、全部で19個

ハングルの基本の組み合わせは「子音１個＋母音１個」です。
Part1 で覚えた母音を思い出しながら、子音を学んでいきましょう！

韓国語の子音は全部で 19 個です。赤色の部分が子音に当たります。
何となく「これは仲間かな？」と感じる子音もあるかもしれませんね。

가　까　나　다　따

라　마　바　빠

사　싸　아　자　짜

차　카　타　파　하

それでは、さっそく6つの基本子音からから見ていきましょう。

基本子音　ㄴㄹㅁㅅㅇㅎ

ここでは、子音に母音ㅏ（あ）、ㅣ（い）、ㅜ（う）、ㅔ（え）、ㅗ（お）を組み合わせて、ハングルの読み方を練習します。

音声を聞いて、声に出して言ってみましょう。
次に、書き順を見ながら、ハングルで書いてみましょう。

✦「な行」に近い音　ㄴ　DL 10

以下の子音と母音の組み合わせは、日本語の「な、に、ぬ、ね、の」とほぼ同じ発音です。

ㄴの書き順と文字のバランス

左右型の場合は縦にやや長く、上下型の場合は横にやや長く書きます。
文字のバランスについてはどの子音にも共通していますので、下記の例を見て確認してみましょう。

나 니 누 네 노
な に ぬ ね の
나 니 누 네 노

【ㄴが入る単語】

나 私
な
나
너 君
の
너
누나 (弟から見た)姉
ぬ な
누 나

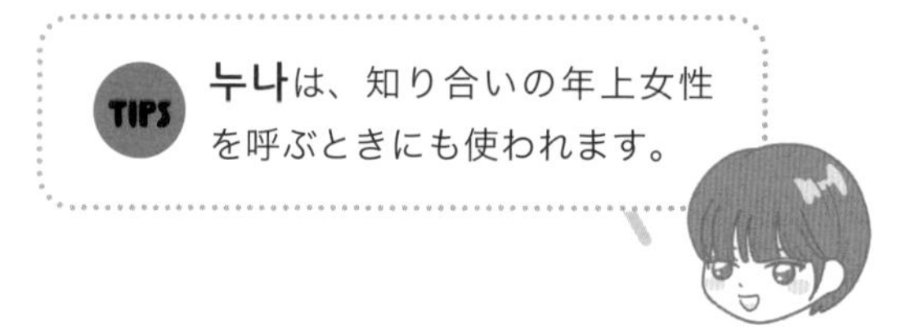

TIPS
누나は、知り合いの年上女性を呼ぶときにも使われます。

✦「ら行」に近い音　ㄹ

以下の子音と母音の組み合わせは、日本語の「ら、り、る、れ、ろ」とほぼ同じ発音です。

ㄹの書き順と文字のバランス

라	리	루	레	로
ら	り	る	れ	ろ
로	리	루	레	로

【ㄹが入る単語】

私たち

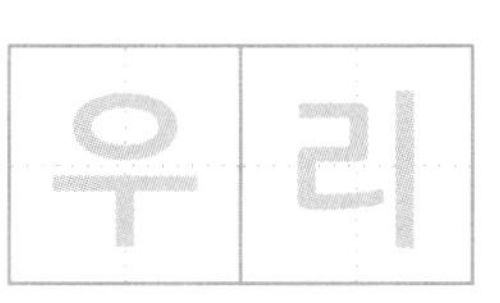

料理

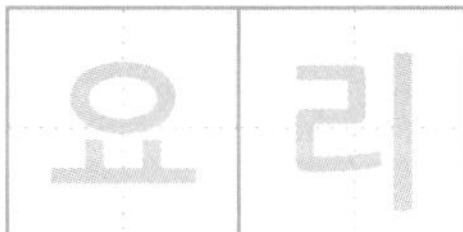

PART 2 子音の音と形

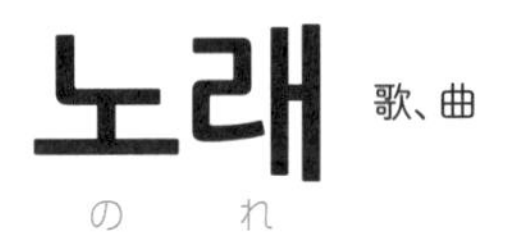

歌、曲

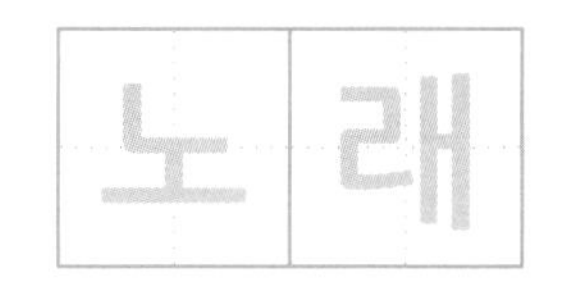

✦「ま行」に近い音　ㅁ

以下の子音と母音の組み合わせは、日本語の「ま、み、む、め、も」とほぼ同じ発音です。

ㅁの書き順と文字のバランス

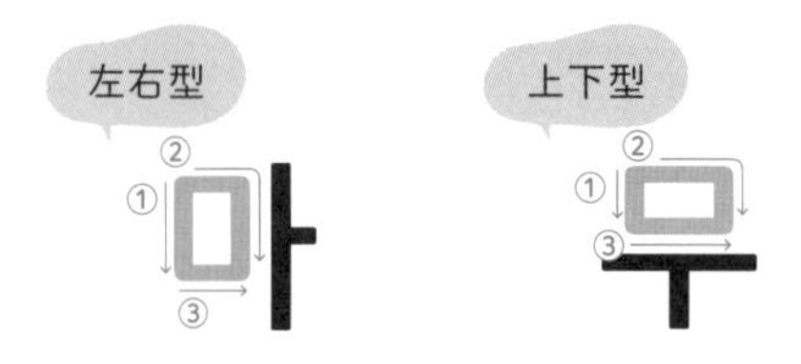

마	미	무	메	모
ま	み	む	め	も
마	미	무	메	모

【ㅁが入る単語】

母

おもに

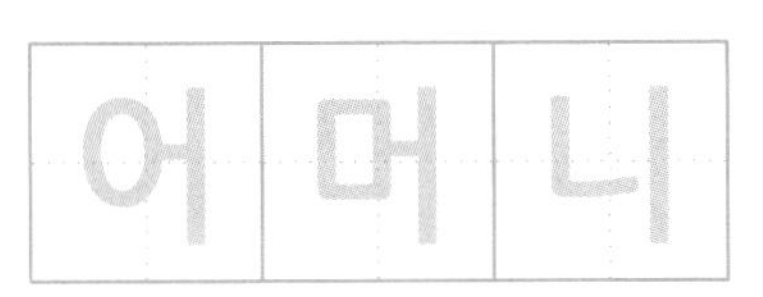

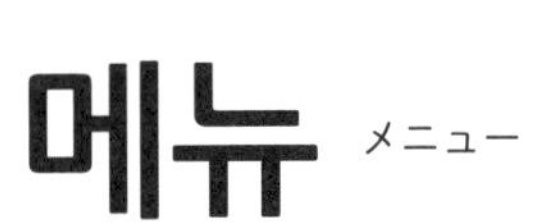

メニュー

めにゅ

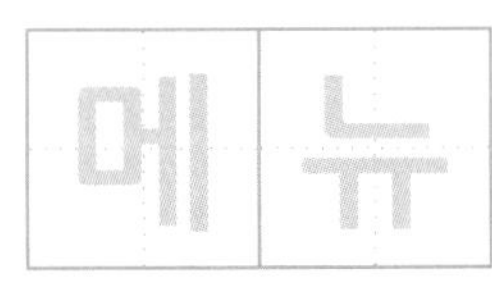

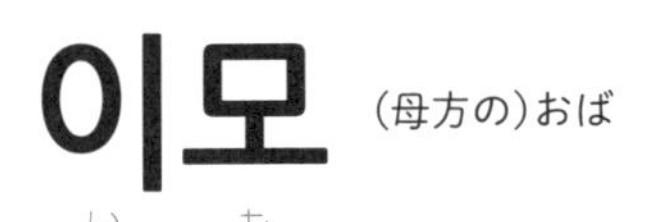

（母方の）おば

いも

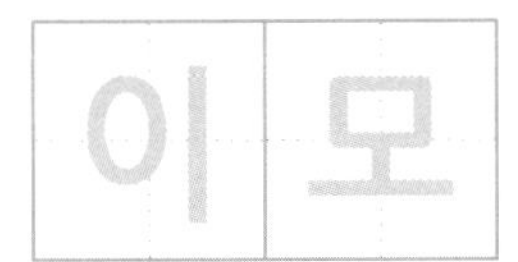

✦「さ行」に近い音　ㅅ

以下の子音と母音の組み合わせは、日本語の「さ、し、す、せ、そ」とほぼ同じ発音です。

ㅅの書き順と文字のバランス

左右型

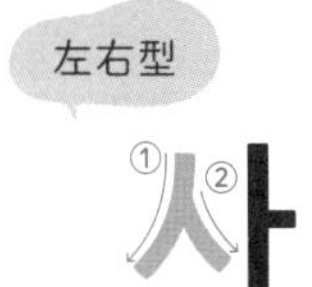

上下型

【ㅅが入る単語】

✦「あ行」に近い音　ㅇ

以下の子音と母音の組み合わせは、日本語の「あ、い、う、え、お」とほぼ同じ発音です。

ㅇは「音のない子音」なので、母音の音だけが発音されます。

ㅇの書き順と文字のバランス

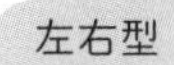

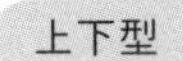

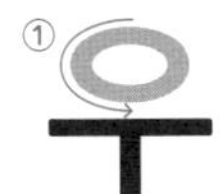

아	이	우	에	오
あ	い	う	え	お
아	이	우	에	오

【ㅇが入る単語】

아래 下
あ　れ

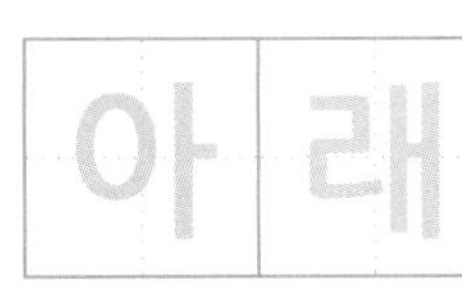

ガラス
ゆ　り

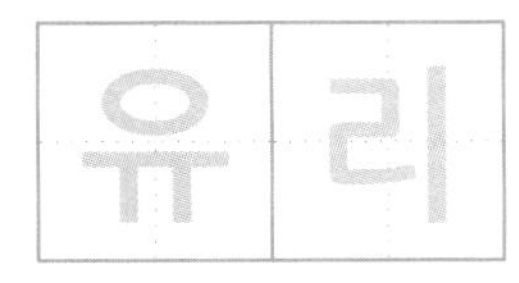

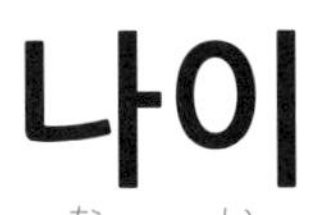

年齢
な　い

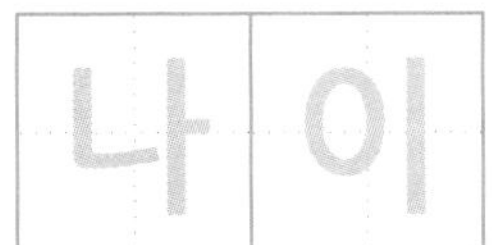

✦「は行」に近い音　ㅎ

DL15

以下の子音と母音の組み合わせは、日本語の「は、ひ、ふ、へ、ほ」とほぼ同じ発音です。

ㅎの書き順と文字のバランス

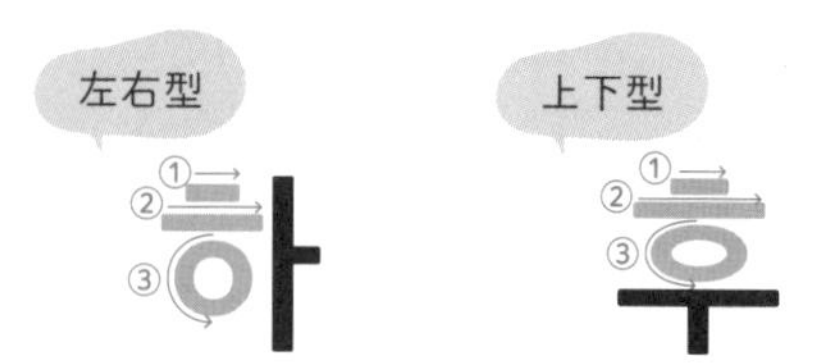

하	히	후	헤	호
は	ひ	ふ	へ	ほ
하	히	후	헤	호

【ㅎが入る単語】

ひとつ

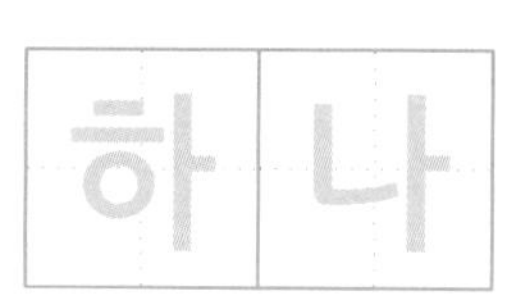

午後

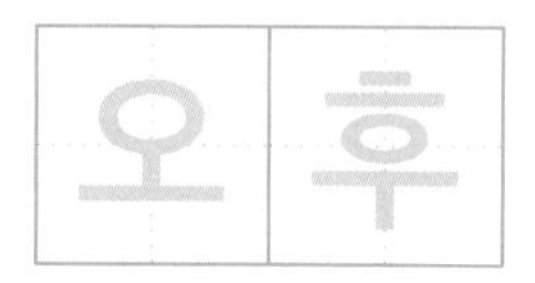

会社

ふぇ　さ

問題にチャレンジ！

今まで出てきた単語からの問題です。日本語の意味を見て、単語を書いてみましょう。
答えはこのページの下にあるので、参考にしてくださいね。

①私たち

②私

③母

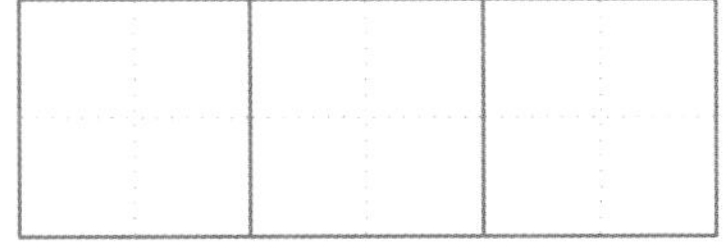

④年齢

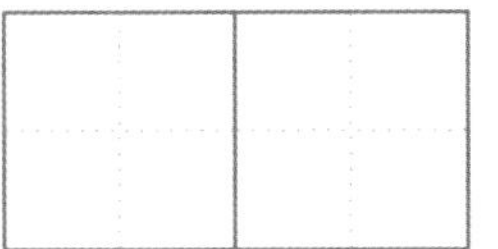

答え　①우리　②나　③어머니　④나이

2 基本子音②
ㄱ ㄷ ㅂ ㅈ

基本子音　ㄱㄷㅂㅈ

ここでは、4つの基本子音　ㄱ ㄷ ㅂ ㅈ　を学んでいきます。この4つの子音は、1文字目に入っている場合はにごらず、2文字目以降に入っている場合はにごります。

子音に母音ㅏ（あ）、ㅣ（い）、ㅜ（う）、ㅔ（え）、ㅗ（お）を組み合わせて、ハングルの読み方を練習します。

音声を聞いて、声に出して言ってみましょう。
次に、書き順を見ながら、ハングルで書いてみましょう。

✦「か行」「が行」に近い音　ㄱ

以下の子音と母音の組み合わせは、1文字目の場合は日本語の「か、き、く、け、こ」、2文字目以降の場合は「が、ぎ、ぐ、げ、ご」とほぼ同じ発音です。

ㄱの書き順と文字のバランス

左右型　上下型

가　구

가	기	구	게	고
か／が	き／ぎ	く／ぐ	け／げ	こ／ご
가	기	구	게	고

【ㄱが入る単語】

★1文字目は、にごらない！

가수 歌手
か　す

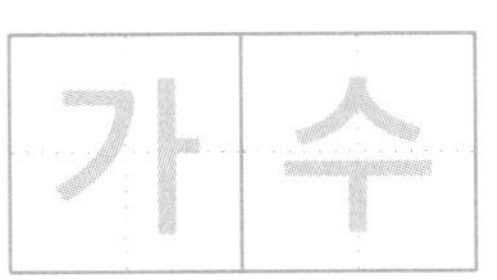

고모 （父方の）おば
こ　も

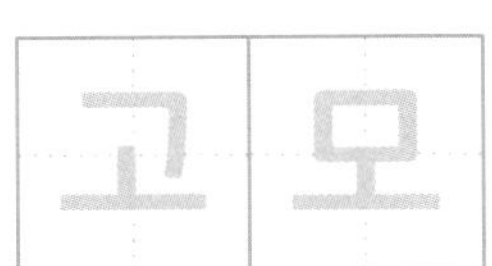

★２文字目以降は、にごる！

누구 誰
ぬ　ぐ

아기 赤ちゃん
あ　ぎ

✦「た行」「だ行」に近い音　ㄷ

以下の子音と母音の組み合わせは、「た行」や「だ行」に近いのですが、少し異なります。１文字目の場合は日本語の「た、てぃ、とぅ、て、と」、２文字目以降の場合は「だ、でぃ、どぅ、で、ど」とほぼ同じ発音です。

ㄷの書き順と文字のバランス

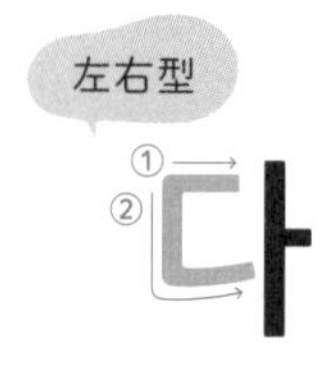

【ㄱが入る単語】

★１文字目は、にごらない！

脚

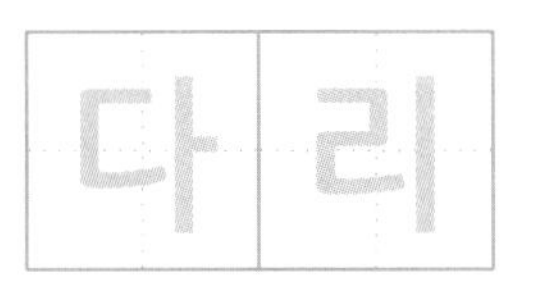

ドラマ

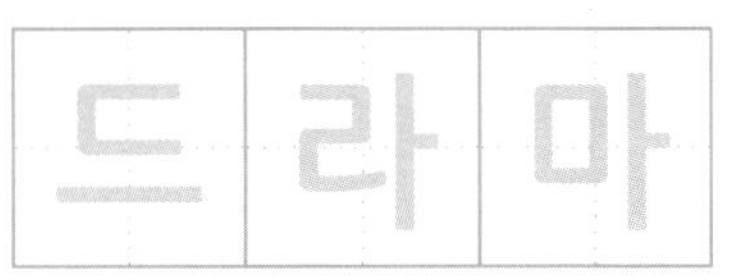

★２文字目以降は、にごる！

모두
も　どぅ

みんな

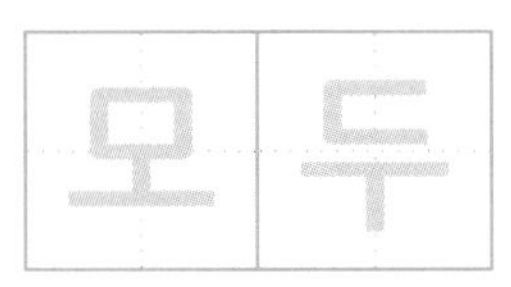

どこ

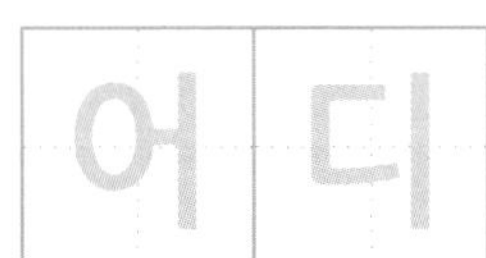

✦「ぱ行」「ば行」に近い音　ㅂ

以下の子音と母音の組み合わせは、1 文字目の場合は日本語の「ぱ、ぴ、ぷ、ぺ、ぽ」、2 文字目以降の場合は「ば、び、ぶ、べ、ぼ」とほぼ同じ発音です。

ㅂの書き順と文字のバランス

左右型

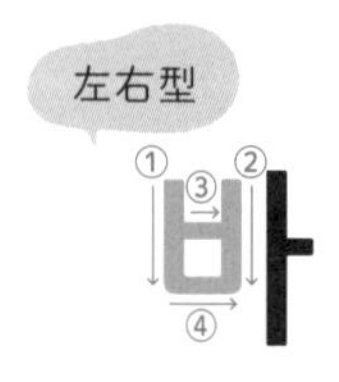

上下型

바 ぱ／ば	비 ぴ／び	부 ぷ／ぶ	베 ぺ／べ	보 ぽ／ぼ
바	비	부	베	보

【ㅂが入る単語】

★1 文字目は、にごらない！

海

ぱ　だ

バス
ぽ　す

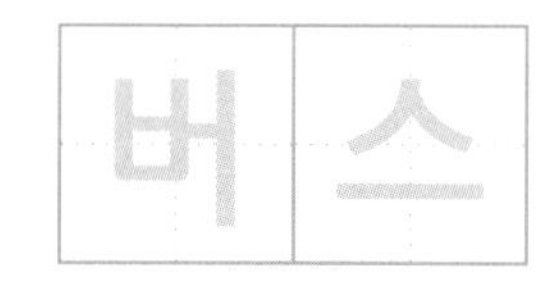

★２文字目以降は、にごる！

豆腐
とぅ　ぶ

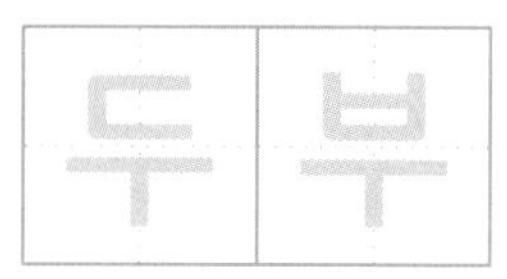

ちょうちょ
な　び

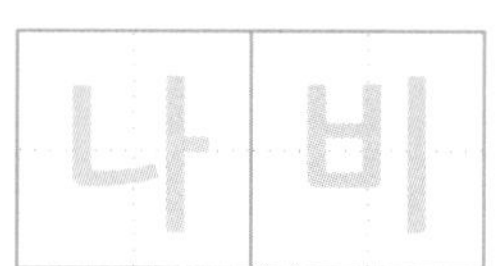

✦「ちゃ行」「じゃ行」に近い音　ㅈ

以下の子音と母音の組み合わせは、「ちゃ行」や「じゃ行」に近いのですが、少し異なります。１文字目の場合は日本語の「ちゃ、ち、ちゅ、ちぇ、ちょ」、２文字目以降の場合は「じゃ、じ、じゅ、じぇ、じょ」とほぼ同じ発音です。

ㅈの書き順と文字のバランス

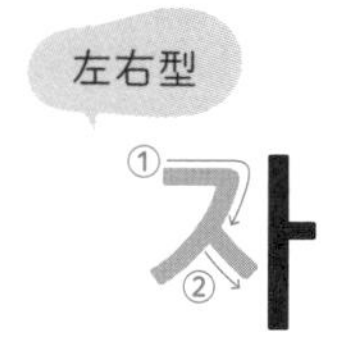

자	지	주	제	조
ちゃ／じゃ	ち／じ	ちゅ／じゅ	ちぇ／じぇ	ちょ／じょ
자	지	주	제	조

【ㅈが入る単語】

★1文字目は、にごらない！

자리 席
ちゃ り

자	리

저기 あそこ
ちょ ぎ

저	기

★2文字目以降は、にごる！

모자 帽子
も じゃ

모	자

아버지 父
あ ぼ じ

아	버	지

激音　ㅋㅌㅍㅊ

韓国語には「激音」と呼ばれる子音が４つあります。勢いよく息を吐きながら発音します。この本では、ふりがなに○をつけて表記します。

子音に母音ㅏ（あ）、ㅣ（い）、ㅜ（う）、ㅔ（え）、ㅗ（お）を組み合わせて、ハングルの読み方を練習します。

音声を聞いて、声に出して言ってみましょう。
次に、書き順を見ながら、ハングルで書いてみましょう。

✦ 勢いよく息を吐きながら発音する「か行」 ㅋ

DL 20

以下の子音と母音の組み合わせは、日本語の「か、き、く、け、こ」を、勢いよく息を吐きながら発音すればＯＫです。

ㅋの書き順と文字のバランス

카	키	쿠	케	코
か	き	く	け	こ
카	키	쿠	케	코

【ㅋが入る単語】

カメラ
か　め　ら

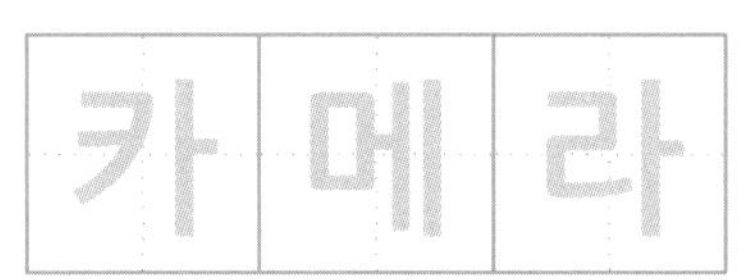

鼻
こ

クッキー
く　き

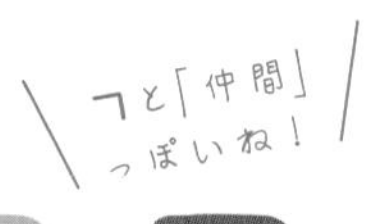

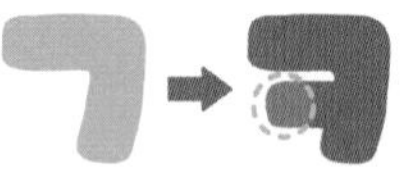

✦ 勢いよく息を吐きながら発音する「た行」 ㅌ

DL 21

以下の子音と母音の組み合わせは、日本語の「た、てぃ、とぅ、て、と」を、勢いよく息を吐きながら発音すればＯＫです。

ㅌの書き順と文字のバランス

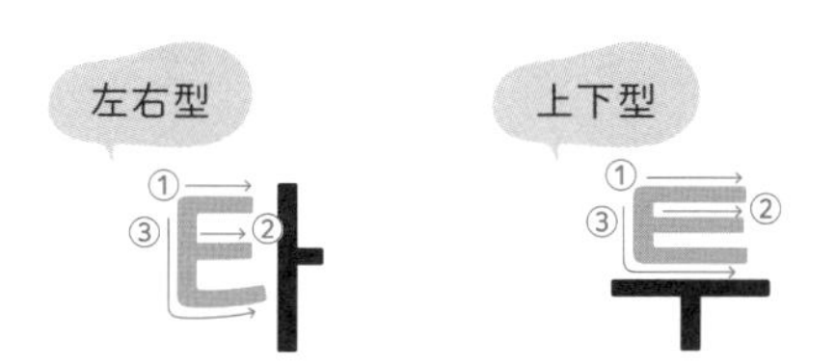

【ㅌが入る単語】

タワー

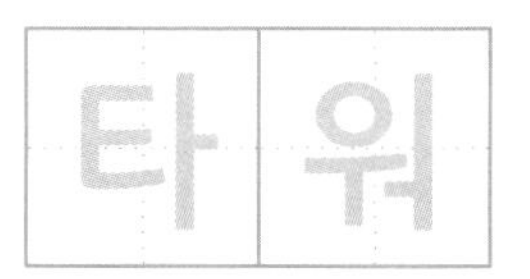

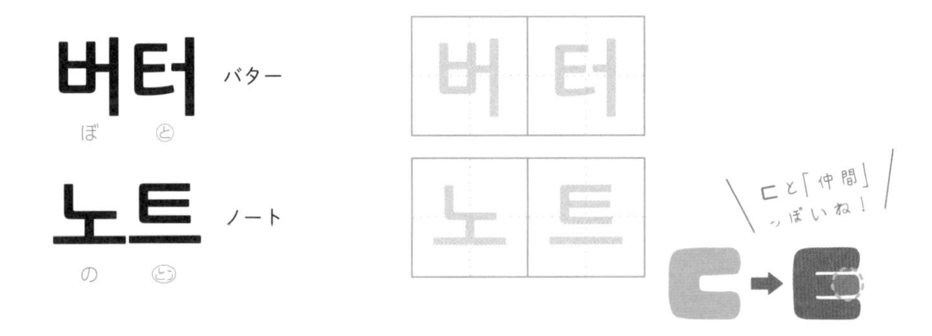

勢いよく息を吐きながら発音する「ぱ行」 ㅍ

DL22

以下の子音と母音の組み合わせは、日本語の「ぱ、ぴ、ぷ、ぺ、ぽ」を、勢いよく息を吐きながら発音すればＯＫ。唇をしっかり合わせてから発音するのがポイントです。

ㅍの書き順と文字のバランス

【ㅍが入る単語】

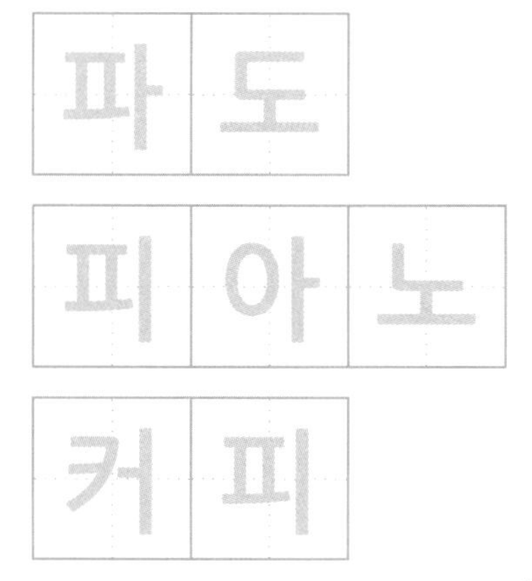

PART 2 子音の音と形

✦ 勢いよく息を吐きながら発音する「ちゃ行」 ㅊ

以下の子音と母音の組み合わせは、日本語の「ちゃ、ち、ちゅ、ちぇ、ちょ」を、勢いよく息を吐きながら発音すればＯＫです。

ㅍの書き順と文字のバランス

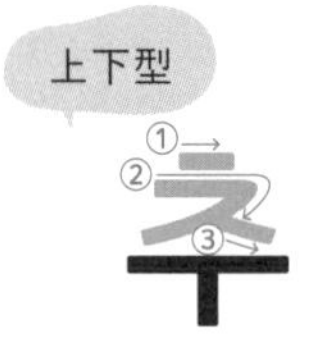

차	치	추	체	초
ちゃ	ち	ちゅ	ちぇ	ちょ
차	치	추	체	초

【ㅊが入る単語】

車

티셔츠 Tシャツ

てぃ しょ ちゅ

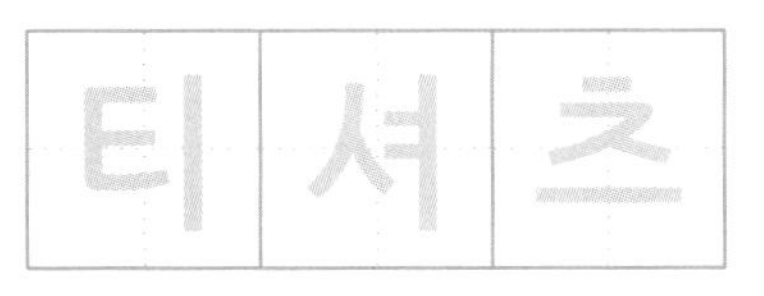

최고 最高

ちぇ ご

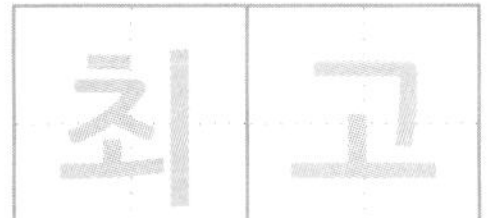

問題にチャレンジ！

今まで出てきた単語からの問題です。日本語の意味を見て、単語を書いてみましょう。
答えはこのページの下にあるので、参考にしてくださいね。

①鼻

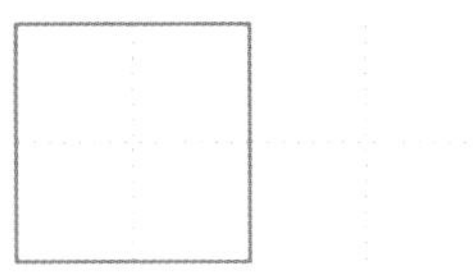

②ノート

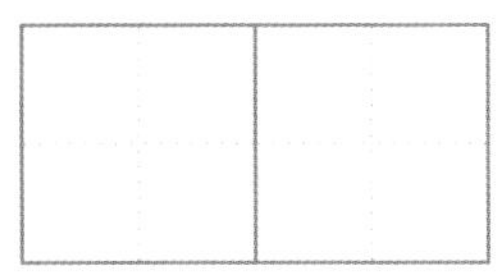

③コーヒー

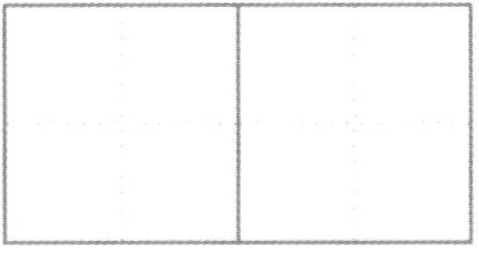

④最高

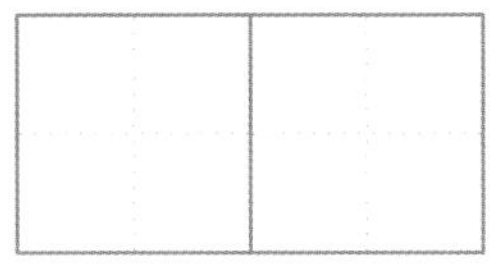

答え　①코　②노트　③커피（커の発音に注意！　口角が少し下がるぐらいまで、唇の力を抜いた状態で発音します）④최고

基本子音　ㄲ ㄸ ㅃ ㅆ ㅉ

韓国語には「濃音」と呼ばれる子音が５つあります。ポイントは「息を出さないようにして短く発音する」こと。発音するときは、のどがちょっと詰まった感じ、緊張した感じになります。息が多く入ると激音に聞こえてしまうので、注意しましょう。この本では、ふりがなに□をつけて表記します。

子音に母音ㅏ（あ）、ㅣ（い）、ㅜ（う）、ㅔ（え）、ㅗ（お）を組み合わせて、ハングルの読み方を練習します。

音声を聞いて、声に出して言ってみましょう。次に、書き順を見ながら、ハングルで書いてみましょう。

✦ 息を出さないようにして短く発音する「か行」 ㄲ

以下の子音と母音の組み合わせは、のどをちょっと詰まらせた感じに

して、日本語の「か、き、く、け、こ」を発音すればＯＫです。

ㄲの書き順と文字のバランス

까	끼	꾸	께	꼬
か	き	く	け	こ
까	끼	꾸	께	꼬

【ㄲが入る単語】

カラス

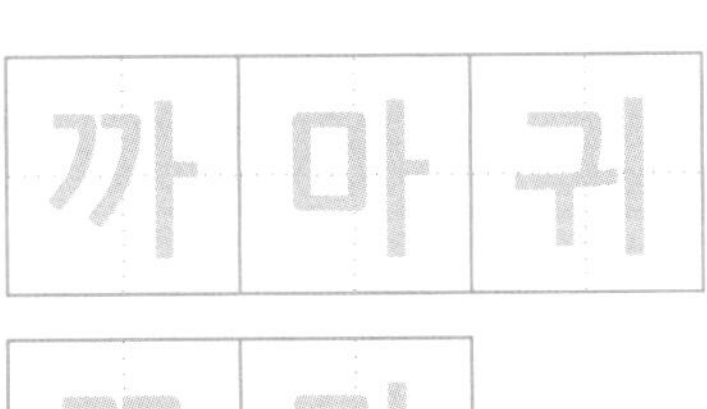

ちびっこ

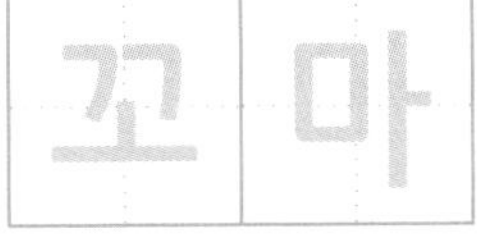

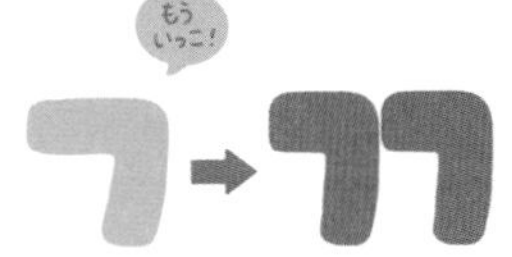

✦ 息を出さないようにして短く発音する「た行」 ㄸ

DL 25

以下の子音と母音の組み合わせは、のどをちょっと詰まらせた感じにして、日本語の「た、てぃ、とぅ、て、と」を発音すればＯＫです。日本語のときよりは、舌を勢いよく離して強めに発音することを意識してみましょう。

ㄸの書き順と文字のバランス

左右型

上下型

따	띠	뚜	떼	또
た	てぃ	とぅ	て	と
따	띠	뚜	떼	또

【ㄸが入る単語】

또 また
と

머리띠 カチューシャ

も り てい

머	리	띠

머리は「頭」、띠は「帯」のことだよ！

PART 2

子音の音と形

息を出さないようにして短く発音する「ぱ行」 ㅃ

以下の子音と母音の組み合わせは、のどをちょっと詰まらせた感じにして、日本語の「ぱ、ぴ、ぷ、ぺ、ぽ」を発音すればＯＫです。日本語のときよりは、唇に力を入れて強めに発音することを意識してみましょう。

ㅃの書き順と文字のバランス

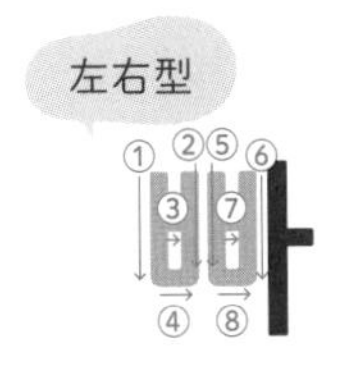

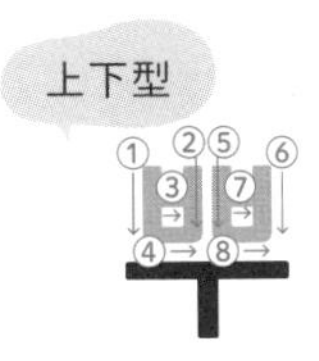

【ㅃが入る単語】

(妹からみた)兄

오빠は、知り合いの年上男性を呼ぶときにも使われます。

パン

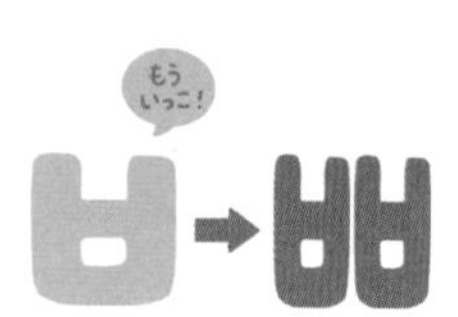

「パン」のハングルは「左右型」と「上下型」で言えば「左右型」ですが、下に子音のㅇ（日本語の「ん」に近い音）が入っています。これは「パッチム」と呼ばれるもので、詳しくはPart 3で学びますよ。ここでは音をよく聞いて、書いてみてくださいね。

✦ 息を出さないようにして短く発音する「さ行」 ㅆ

以下の子音と母音の組み合わせは、のどをちょっと詰まらせた感じにして、日本語の「さ、し、す、せ、そ」を発音すればＯＫです。

ㅆの書き順と文字のバランス

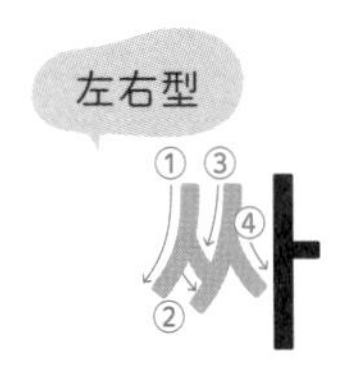

PART 2
子音の音と形

【ㅆが入る単語】

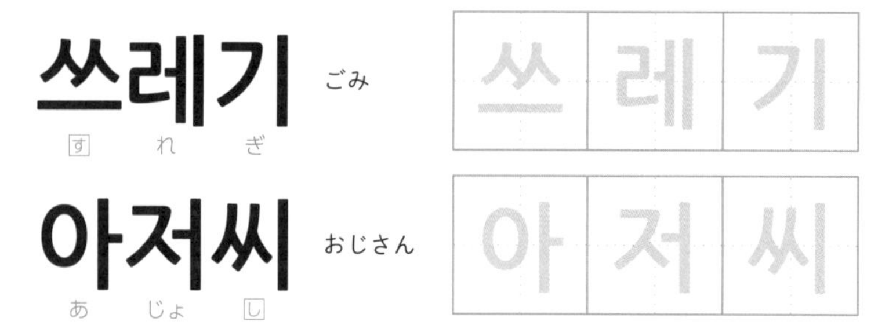

✦ 息を出さないようにして短く発音する「ちゃ行」 ㅉ

以下の子音と母音の組み合わせは、のどをちょっと詰まらせた感じにして、日本語の「ちゃ、ち、ちゅ、ちぇ、ちょ」を発音すればＯＫです。日本語のときよりは、舌を勢いよく離して強めに発音することを意識してみましょう。

ㅉの書き順と文字のバランス

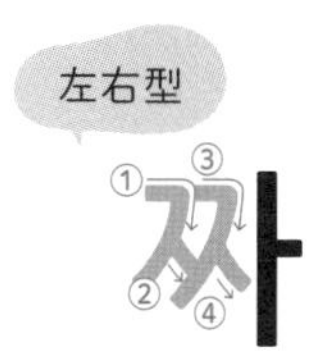

짜	찌	쭈	쩨	쪼
ちゃ	ち	ちゅ	ちぇ	ちょ
짜	찌	쭈	쩨	쪼

【ㅉが入る単語】

本当

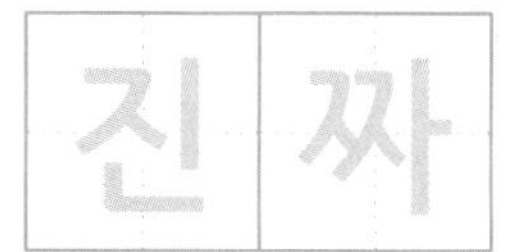

「本当」のハングルは「左右型」と「上下型」で言えば「左右型」ですが、下に子音のㄴ（日本語の「ん」に近い音）が入っています。これは「パッチム」と呼ばれるもので、詳しくはPart 3で学びますよ。ここでは音をよく聞いて、書いてみてくださいね。

チゲ（韓国のスープ料理）

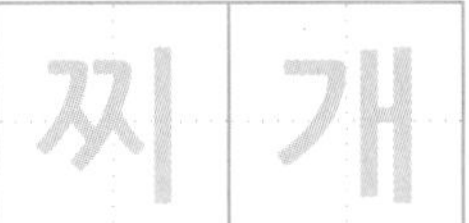

問題にチャレンジ！

今まで出てきた単語からの問題です。日本語の意味を見て、単語を書いてみましょう。
答えはこのページの下にあるので、参考にしてくださいね。

①また

②（妹から見た）兄

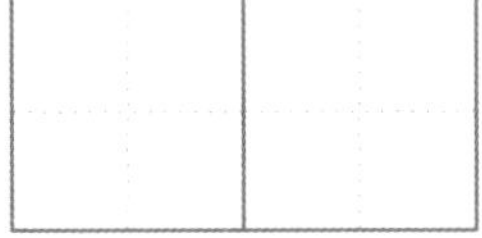

③本当

④おじさん

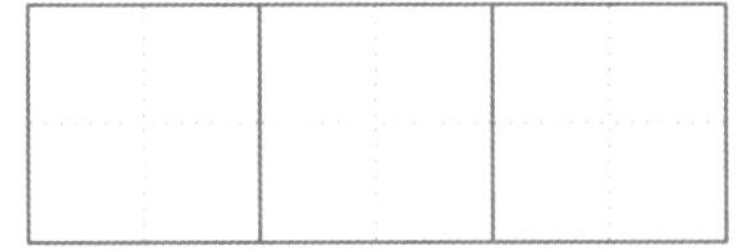

答え　①또　②오빠　③진짜　④아저씨

ハングルの音と文字をつなげよう

PART 3

パッチム

このPARTのテーマは「パッチム」です。
ハングルは基本的に子音と母音の組み合わせでできていますが、
この基本の組み合わせにさらに子音がプラスされることがあります。
この子音が「パッチム」です。
ここでは、パッチムのしくみと、パッチムがあることで起きる
発音変化について学びます。

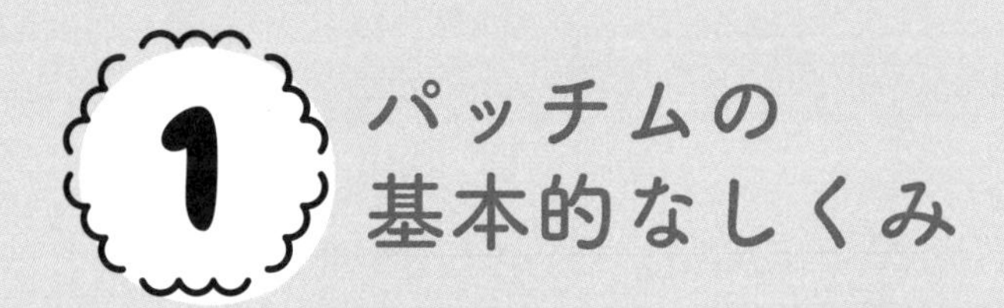

パッチムの基本的なしくみ

パッチムとは？

今まで学んできたように、ハングルは基本的には「左右型」か「上下型」で子音と母音が置かれます。それに加え「左右型や上下型に子音がプラスされる形」のハングルがあります。この「左右型」や「上下型」にプラスされる子音のことを「パッチム」と呼びます。下のハングルを見てみましょう。

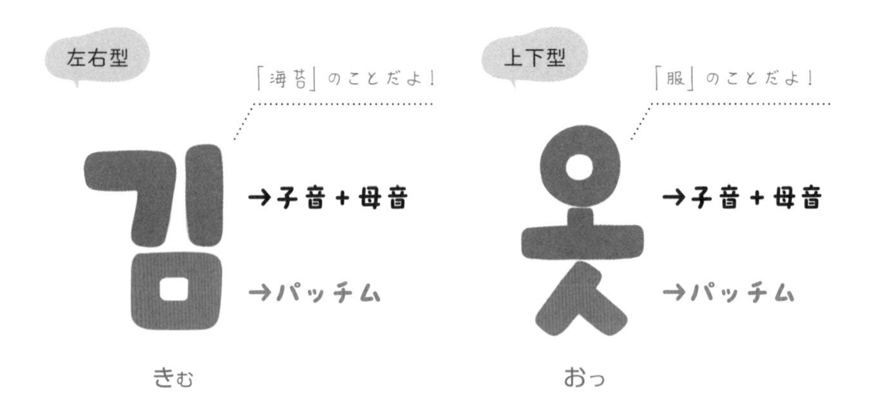

赤字の部分が「パッチム」です。パッチムとして使われる子音はたくさんありますが、実際に発音される音としては７つになります。

パッチムの種類と実際の発音

それでは、パッチムの種類と実際の発音を見てみましょう。「え、こんなにあるの……」と不安に思う人もいるかもしれませんが、大丈夫。ここでは「あ、こういう音があるんだな」と把握するだけでOKです。発音のコツについては、口を動かしながらしっかり学んでいきますよ。

パッチムの種類	実際の発音
ㄱ ㄲ ㅋ	ㄱ
ㄴ	ㄴ
ㄷ ㅌ ㅅ ㅆ ㅈ ㅊ ㅎ	ㄷ
ㄹ	ㄹ
ㅁ	ㅁ
ㅂ ㅍ	ㅂ
ㅇ	ㅇ

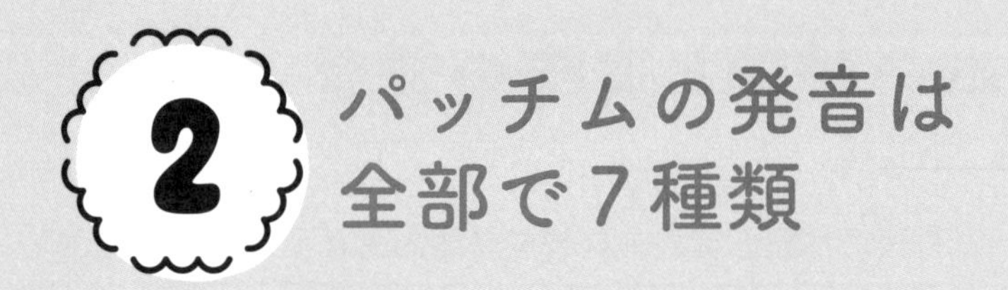

2 パッチムの発音は全部で7種類

パッチムの発音のコツ

ここでは、実際に発音される7種類の音に分けて、一つひとつ発音のコツを見ていきます。口を動かして発音すると自然とその発音になりますので、安心してくださいね。

✦ 実際の発音　ㄱ　パッチム ▶ ㄱ ㄲ ㅋ

1 「っ」の後ろに「か行」が続く日本語の単語を、声に出して読んでみましょう。

がっこう
サッカー
ブック

2 次に、下線部の「か行」の音を出す直前で止めてみましょう。「がっ」「サッ」「ブッ」となりますね。「っ」から「か行」の音につながるときの感覚を覚えるのがポイント！

がっこう
サッカー
ブック

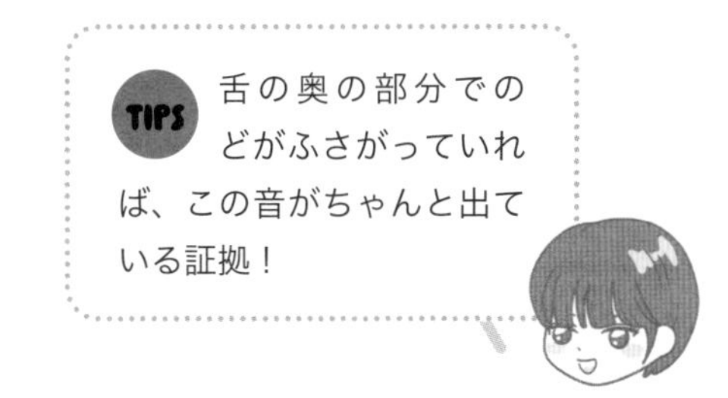

3 ㄱの音になるパッチムが含まれる単語を読みます。音声を聞いて、声に出して言ってみましょう。次に、ハングルで書いてみましょう。

✦ 実際の発音 ㄴ

1 「ん」の後ろに「な行」が続く日本語の単語を、声に出して読んでみましょう。

おんな
ニンニク
トンネル

2 次に、下線部の「な行」の音を出す直前で止めてみましょう。「おん」「ニン」「トン」となりますね。「ん」から「な行」の音につながるときの口の形を覚えるのがポイント！

おん<u>な</u>
ニン<u>ニ</u>ク
トン<u>ネ</u>ル

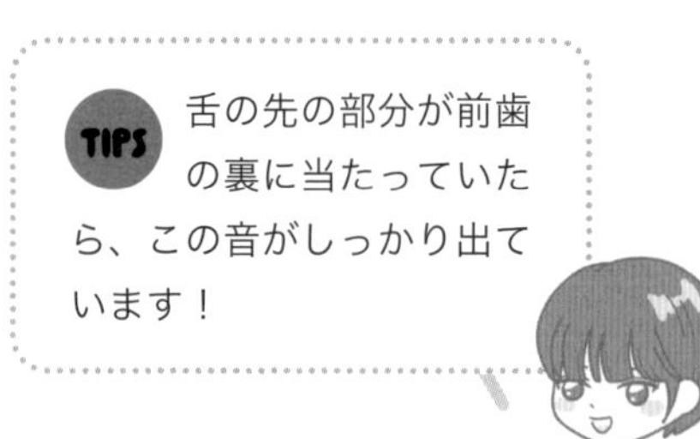

3 パッチムㄴが含まれる単語を読みます。音声を聞いて、声に出して言ってみましょう。次に、ハングルで書いてみましょう。

언니は、知り合いの年上女性を呼ぶときにも使われます。

PART 3 パッチム

✦ 実際の発音　ㄷ　パッチム ▶ ㄷㅌㅅㅆㅈㅊㅎ

1 ここでは、「っ」の後ろに「さ行」「た行」が続く日本語の単語を、声に出して読んでみましょう。

あっさり
ぐっと
まったり
バッテリー

2 次に、下線部の「さ行」や「た行」、「は行」の音を出す直前で止めてみましょう。「あっ」「ぐっ」「まっ」「バッ」となりますね。「っ」から「さ行」や「た行」、「は行」の音につながるときの感覚を覚えるのがポイント！

あっ<u>さ</u>り
ぐっ<u>と</u>
まっ<u>た</u>り
バッ<u>テ</u>リー

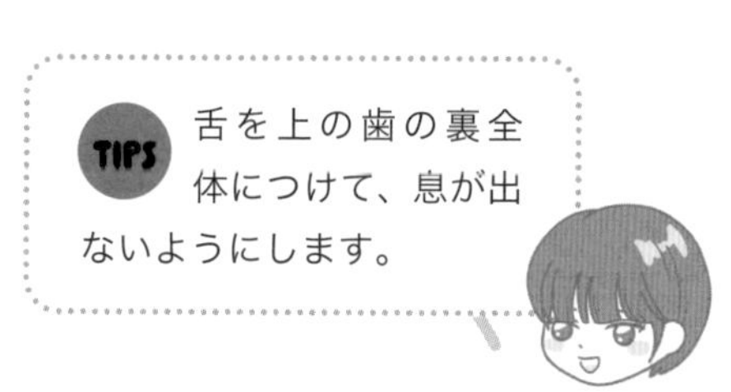

3 ㄷの音になるパッチムが含まれる単語を読みます。音声を聞いて、声に出して言ってみましょう。次に、ハングルで書いてみましょう。

まっ
味
＊実際の発音は［맏］

곧
こっ
もうすぐ

こっ
花
＊実際の発音は［꼳］

ぱっ
畑
＊実際の発音は［받］

CHECK!
ㅎパッチムを含む単語の読み方は、132ページを参照してください。

PART 3 パッチム

✦ 実際の発音　ㄹ　パッチム ㄹ

舌の先端の部分を、前歯の裏につけて発音します。日本語の「る」と近い音になりますが、「る」に含まれる母音の「う」は入らないイメージです。

パッチムㄹが含まれる単語を読みます。音声を聞いて、声に出して言ってみましょう。次に、ハングルで書いてみましょう。

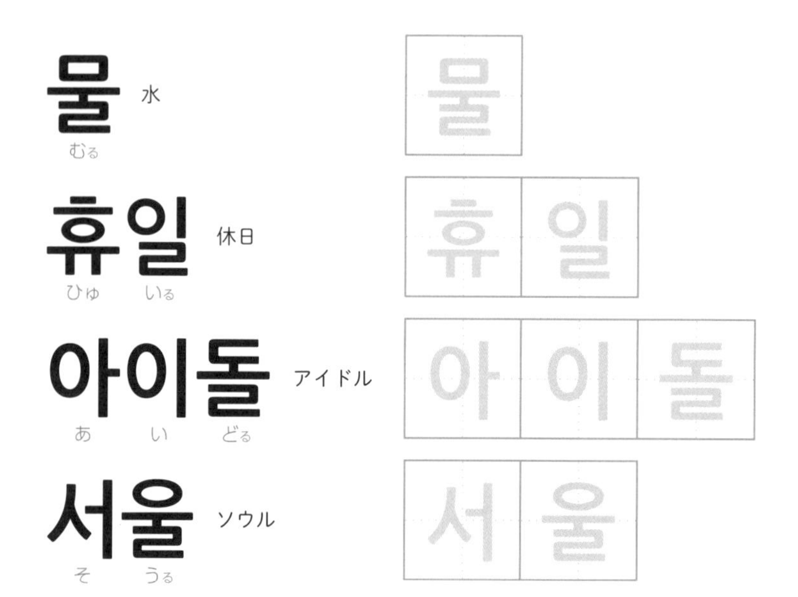

✦ 実際の発音　ㅁ　パッチム ▶ ㅁ

1 「ん」の後ろに「ま行」が続く日本語の単語を、声に出して読んでみましょう。

ぐんま

にばんめ

にんむ

2 次に、下線部の「ま行」の音を出す直前で止めてみましょう。「ぐん」「にばん」「にん」となりますね。「ん」から「ま行」の音につながるときの口の形を覚えるのがポイント！

ぐん<u>ま</u>

にばん<u>め</u>

にん<u>む</u>

3 パッチムㅁが含まれる単語を読みます。音声を聞いて、声に出して言ってみましょう。次に、ハングルで書いてみましょう。

✦ 実際の発音 ㅂ パッチム ▶ ㅂ ㅍ DL 34

1 「っ」の後ろに「ぱ行」が続く日本語の単語を、声に出して読んでみましょう。

かっぱ

コップ

しっぽ

2 次に、下線部の「ぱ行」の音を出す直前で止めてみましょう。「かっ」「コッ」「しっ」となりますね。「っ」から「ぱ行」の音につながるときの感覚を覚えるのがポイント！

3 ㅂの音になるパッチムが含まれる単語を読みます。音声を聞いて、声に出して言ってみましょう。次に、ハングルで書いてみましょう。

PART 3
パッチム

✦ 実際の発音　ㅇ　パッチム ㅇ

ㅇは「音のない子音」として先に学びましたが、パッチムの位置に来ると、日本語の「ん」と近い音になります。ただし、「ん」とは違い、口は閉じずに発音します。

パッチムㅇが含まれる単語を読みます。音声を聞いて、声に出して言ってみましょう。次に、ハングルで書いてみましょう。

CHECK!
ㅎの発音については、126ページを参照してください。

3 連音化

パッチムの次に音のない子音ㅇが来ると？

ハングルは、基本的には書かれているまま読めば通じるのですが、発音が変化する場合がいくつかあります。ここでは「連音化」を学びましょう。

連音化

パッチムの次に音のない子音ㅇが来ると、パッチムがㅇの位置に移動して発音されます。これを「連音化」といいます。下の例を見てみましょう。

한국어（韓国語）は、書かれているままに一文字ずつ読むと「**한**（はん）」「**국**（ぐく）」「**어**（お）」です。
2番目のハングル、**국**のパッチムは**ㄱ**ですね。
そして、3番目のハングルが**어**なので、**ㅇ**の位置にパッチム**ㄱ**が移動してきます。
そのため、全体の発音としては［**한구거**］（はんぐご）となります。

ハングルはこう書くけど……　　　　発音が変化するよ！

会話で使われるフレーズにも「パッチムの連音化」がよく出てきます。以下のフレーズで連音化の練習をしてみましょう。音声を聞いて、声に出して言ってみてください。

오랜만이에요.　お久しぶりです。

おれんまにえよ

[오랜마니에요]

元気でしたか？

[잘 지내써요?]

おいしいです。

[마시써요]

問題にチャレンジ！

単語と読み方の正しい組み合わせを、線で結びましょう。
答えはこのページの下にあるので、参考にしてくださいね。

単語		読み方
일본어	日本語	のりⓉ
금요일	金曜日	いるぼの
놀이터	遊び場	ぽ[く]むばぷ
볶음밥	チャーハン	くみょいる

答え
일본어－いるぼの　発音は［ 일보너 ］
금요일－くみょいる　発音は［ 그묘일 ］
놀이터－のりⓉ　発音は［ 노리터 ］
볶음밥－ぽ[く]むばぷ　発音は［ 보끔밥 ］

PART 3 パッチム

4 濃音化

濃音化とは？

ここでは、発音変化の１つである「濃音化」を学びましょう。一見ややこしそうに見えますが、実際に口を動かしながら確認すれば大丈夫ですよ！　ちゃんとその音が出ますので、安心して取り組んでみてください。

連音化

ㄱ，ㄷ，ㅂの音で発音されるパッチムの次に来る子音ㄱ，ㄷ，ㅂ，ㅅ，ㅈは、濃音ㄲ，ㄸ，ㅃ，ㅆ，ㅉに変化して発音されます。これを「濃音化」といいます。

以下の音で発音される
パッチム※

ㄱ ㄷ ㅂ

＋

ㄱ ㄷ ㅂ
ㅅ ㅈ

ㄲ ㄸ ㅃ
ㅆ ㅉ

※ㄱで発音されるパッチム：ㄱ，ㅋ，ㄲ
ㄷで発音されるパッチム：ㄷ，ㅌ，ㅅ，ㅆ，ㅈ，ㅊ
ㅂで発音されるパッチム：ㅂ，ㅍ

以下の例を見てみましょう。
젓가락（箸）は、書かれているままに一文字ずつ読むと「**젓**（ちょっ）」「**가**（か／が）」「**락**（らく）」です。
１番目のハングル、**젓**のパッチムは**ㅅ**ですが、パッチムの場合は**ㄷ**で発音されるのでしたね。**ㄷ**で発音されるので**젇**、**ㄷ**の次が**ㄱ**なので、この**ㄱ**が濃音化して［ **ㄲ** ］の発音に変化します。
そのため、全体の発音としては［ **젇까락** ］（ちょっかららく）となります。

ハングルはこう書くけど……　　　発音が変化するよ！

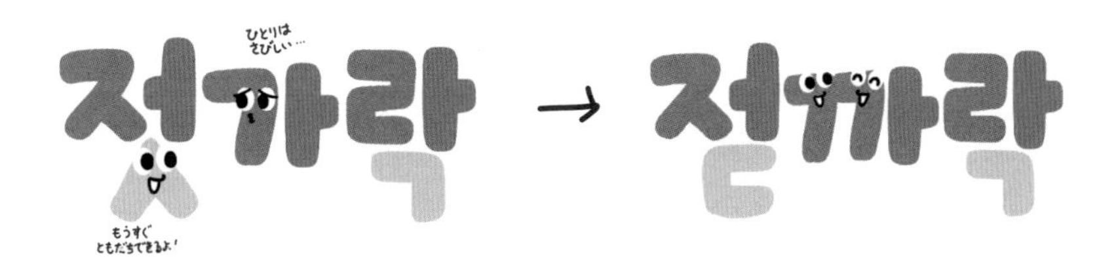

会話で使われるフレーズで濃音化の練習をしてみましょう。音声を聞いて、声に出して言ってみてください。

잘 먹겠습니다. いただきます。

ちゃる もっ けっ すむ に だ

[잘 먹겠씀니다]

[푹 쭈무세요]

[반갑씀니다]

問題にチャレンジ！

単語と読み方の正しい組み合わせを、線で結びましょう。
答えはこのページの下にあるので、参考にしてくださいね。

単語		読み方
학교 学校	・	・さむぎょぷさる
꽃가루 花粉	・	・はっきょ
옷가게 洋服屋	・	・こっかる
삼겹살 豚の三枚肉	・	・おっかげ

答え

학교－はっきょ	発音は［학꾜］
꽃가루－こっかる	発音は［꼳까루］
옷가게－おっかげ	発音は［옫까게］
삼겹살－さむぎょぷさる	発音は［삼겹쌀］

2つの子音が組み合わさったパッチム

Part 3の1で「パッチム」について学びましたね。実は、パッチムには1つの子音で構成されるものだけではなく、2つの子音が組み合わさった形のものがあります。それが「二重パッチム」で、ほとんどが「左右型」になります。次のハングルを見てみましょう。

左右型

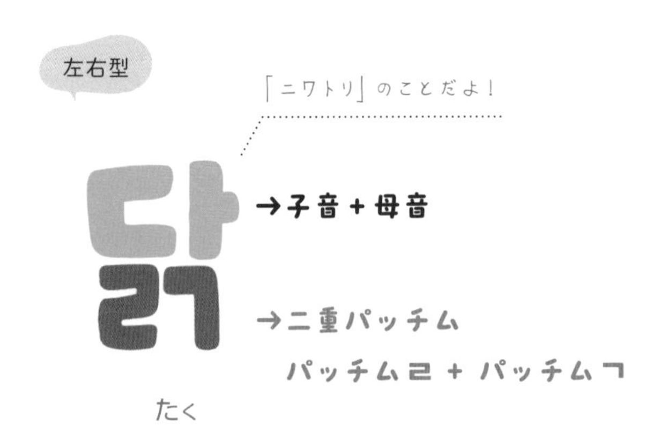

下のㄺの部分が「二重パッチム」です。後に続くのが母音か子音かによって、読み方が変わります。以下で読み方の規則を整理しておきますが、実際に使いながら慣れていけばよいので、ここでは「こう発音するんだな」と押さえておけば大丈夫です。

二重パッチムの発音の基本

① 二重パッチムを含む１文字の単語を発音する場合や、次に子音が来る場合は、二重パッチムのどちらかだけが発音されます。どちらを発音するかは、二重パッチムの種類によって異なります。

② 二重パッチムの次に母音が来る場合は、連音化します。二重パッチムのうち、左の子音をパッチムとして読み、右の子音が連音化します。

[널버요]

[업써요]

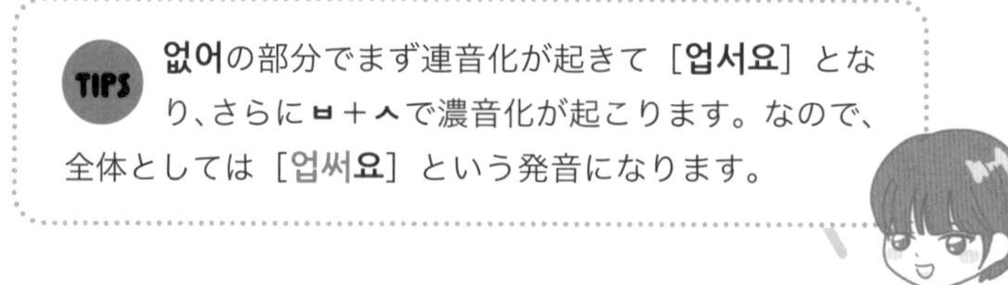

COLUMN

スマホでハングルを打つ方法

ハングルを読めたり書けたりできるようになったら、次はスマホでハングルを打ってみましょう。韓国語のハッシュタグをつけて SNS に投稿したり、韓国の友達にちょっとした一言を韓国語で送れるようになれば、世界がぐっと広がりますよ！

ハングルキーボードには「10 キー」と「PC と同じ配列のキーボード」の 2 つがあります。どちらか、自分の打ちやすいほうを使ってみてください。（ここでは iPhone の画面で説明しています）

1. 10キーにチャレンジ！

まず、10 キーのキーボードを見てみましょう。
子音が 1 つのボタンに 2 つずつ入っていますね。

単語と単語の間にスペースを入れたいときは、1回タップすればOK！

このボタンを 1 度タップすると左側の子音、2 度タップすると右側の子音を打つことができます。
濃音は、「ㄱㅋ」「ㄷㅌ」「ㅂㅍ」「ㅅㅎ」「ㅈㅊ」ボタンを 3 回タップすれば出てきます。

次に母音の打ち方を紹介します。ボタンの中に母音を見つけられましたか？

「あれ？　母音のボタンがㅣとㅡの 2 つしかない……」と思いますよね。
10 キーで母音を打つときにポイントになるのが「・」のボタン！　このボタンの使い方さえ理解すれば、どなたでも簡単にハングルを打てるようにな

PART 3 パッチム

りますよ。

「・」のボタンは、「母音の短い線」のことだと思ってください。

縦の長い線がある母音の場合は、右か左に短い線がありますね。
長い線を基準にして、短い線が左に来る場合は点を先に、左に来る場合はㅣを先に打ちます。
以下を実際に打って、確認してみてください。

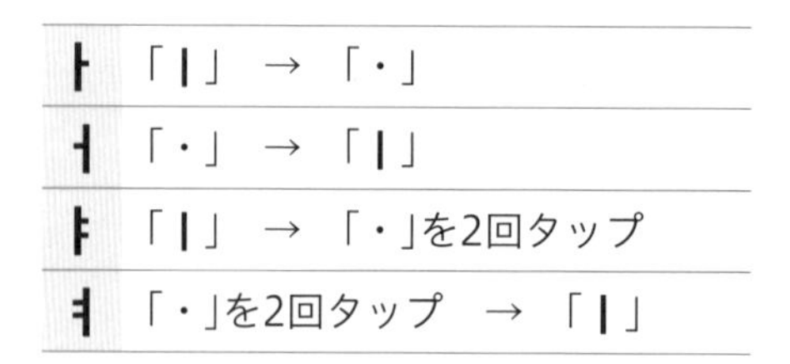

ㅏ	「ㅣ」 → 「・」
ㅓ	「・」 → 「ㅣ」
ㅑ	「ㅣ」 → 「・」を2回タップ
ㅕ	「・」を2回タップ → 「ㅣ」

横の長い線がある母音の場合は、上か下に短い線がありますね。
長い線を基準にして、短い線が上に来る場合は点を先に、下に来る場合はーを先に打ちます。
以下を実際に打って、確認してみてください。

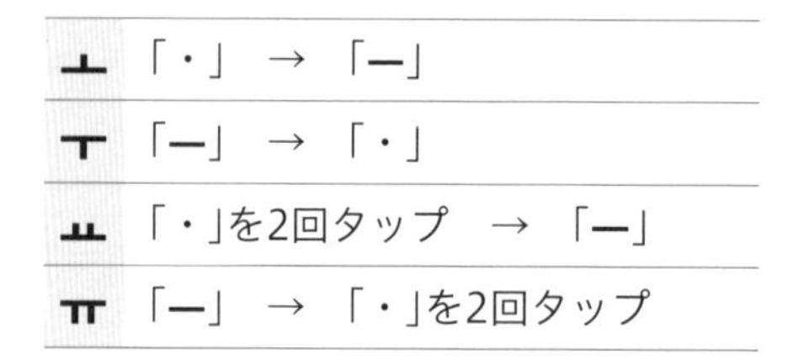

ㅗ	「・」 → 「ー」
ㅜ	「ー」 → 「・」
ㅛ	「・」を2回タップ → 「ー」
ㅠ	「ー」 → 「・」を2回タップ

それでは、ここでクイズです！
「ㅐ」や「ㅒ」はどう打てばいいでしょうか？　「・」のボタンは、「母音の短い線」のことでしたよね。これを思い出して打ってみてください。

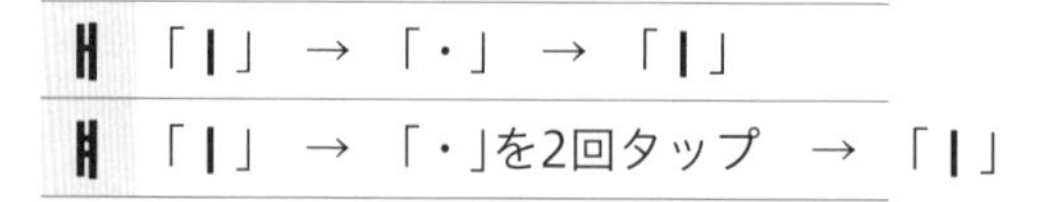

ㅐ	「ㅣ」 → 「・」 → 「ㅣ」
ㅒ	「ㅣ」 → 「・」を2回タップ → 「ㅣ」

このように打てばOKです。この理屈が分かれば、二重母音も問題なく打

てるはずです。
たとえば、「왜（どうして）」はどう打てばいいでしょうか？　以下を実際に打って、確認してみてください。

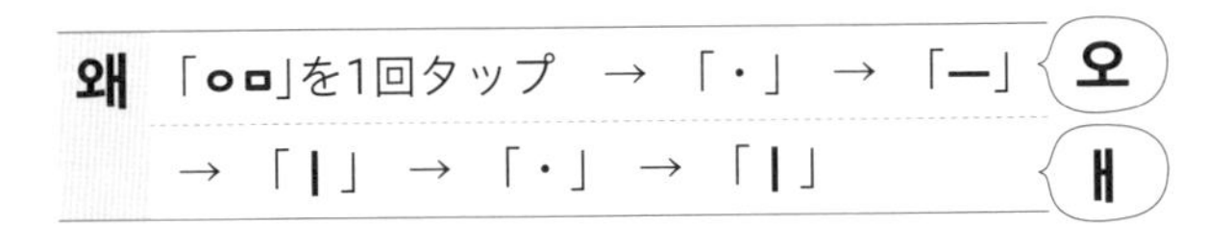

最後にパッチムの打ち方ですが、子音と母音を打ってからパッチムに入る子音を打てばOK！　「한글(ハングル)」を実際に打ってみて、確認しましょう。

한	「ㅅㅎ」を2回タップ →「ㅣ」→「・」→「ㄴㄹ」を1回タップ
글	「ㄱㅋ」を1回タップ →「ㅡ」→「ㄴㄹ」を2回タップ

2. PCと同じ配列のキーボードにチャレンジ！

まず、キーボードを見てみましょう。

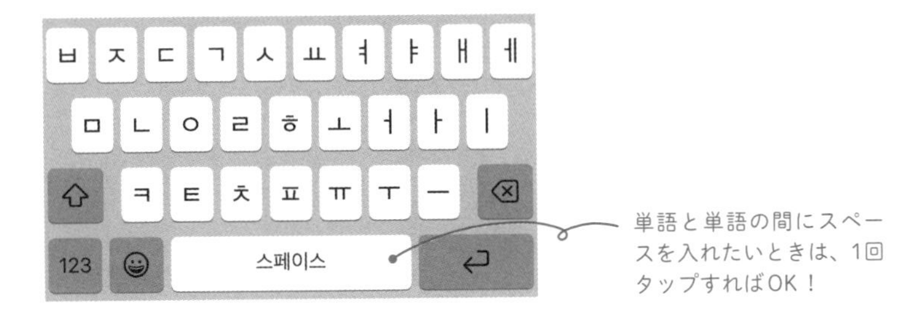

子音は左のほうに、母音は右のほうに位置していますね。

10キーと違い、1つひとつ子音（基本子音と激音）のボタンがあります。
濃音は、左下の⇧ボタンをタップすると打てるようになります。

また、母音のボタンは10キーよりも多く配置されています。
キーボードを見て気づいた人もいるかもしれませんが、ㅒとㅖのボタンがありません。

これも濃音と同じく、⇧のボタンをタップすれば解決します。
⇧をタップした画面を見て、確認しましょう。一番上に並んでいるボタンが変わっているのが分かります。

打ち方に慣れるまでは、まずは短めの単語で練習してみてください。
好きな食べ物、好きな芸能人の名前で練習してみるのも楽しそうですね！
例をいくつか挙げます。実際に打って、確認してみてください。

【練習してみよう】
PCと同じ配列のキーボードで、以下の単語を打ってみましょう。

① **한글**（ハングル）

한	「ㅎ」→「ㅏ」→「ㄴ」
글	「ㄱ」→「ㅡ」→「ㄹ」

② **빵**（パン）

빵	「⇧」を1回タップ →「ㅃ」→「ㅏ」→「ㅇ」

③ **맛있어요**（おいしいです）

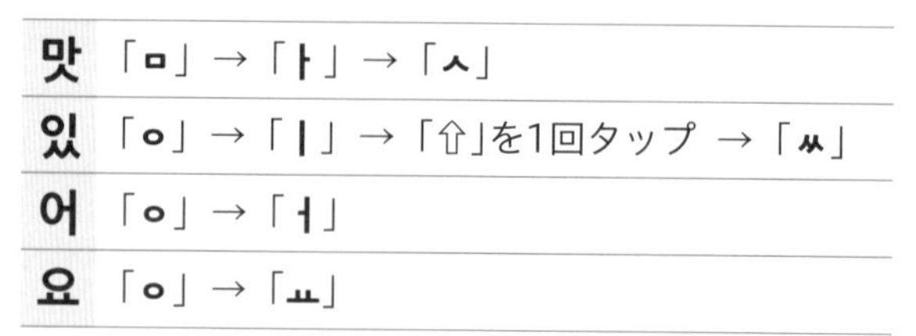

맛	「ㅁ」→「ㅏ」→「ㅅ」
있	「ㅇ」→「ㅣ」→「⇧」を1回タップ →「ㅆ」
어	「ㅇ」→「ㅓ」
요	「ㅇ」→「ㅛ」

単語とフレーズに
チャレンジ！

PART 4

今すぐ使える「あの単語」をハングルで書いてみよう

「K-POP」「食べ物」など、６つのテーマで単語をまとめました。
覚えたらすぐ使いたくなる単語で、
ハングルの読み方と書き方を練習しましょう。
また、テーマごとに「書いてみよう！　言ってみよう！」の
コーナーがありますので、出てきた単語や自分の好きな単語を
使ってチャレンジしてみてください。

1 K-POPに関する単語

가수 歌手
かす

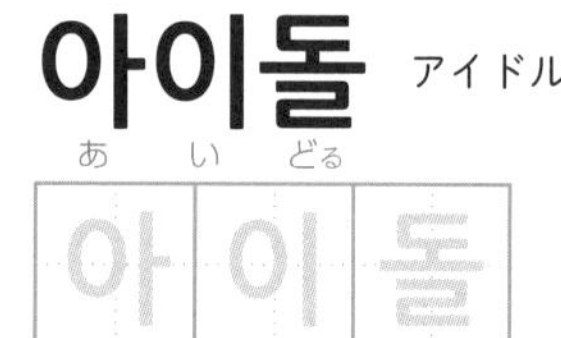

아이돌 アイドル
あいどる

노래 歌、曲
のれ

그룹 グループ
くるぷ

앨범 アルバム
えるぼむ

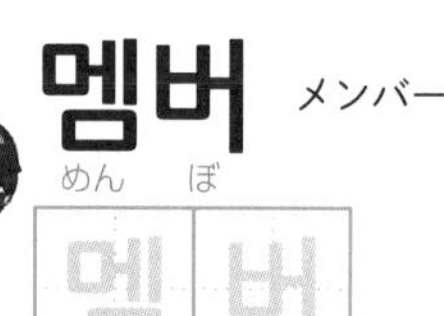

멤버 メンバー
めんぼ

음악 방송 音楽番組
うまく ぱんそん

음악 방송

TIPS 음악は音楽、방송は番組のこと。濃音化が起きるので、実際の発音は[음악 빵송]となります。

무대 ステージ、舞台

むで

무대

안무 振り付け

あんむ

안무

응원봉 ペンライト

うん うぉん ぼん

응원봉

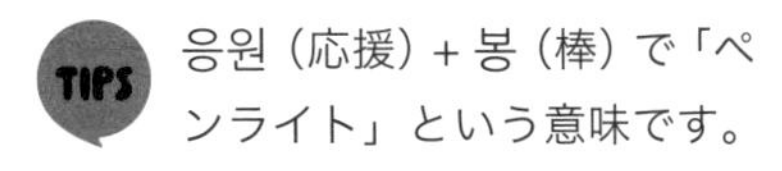

TIPS 응원（応援）+ 봉（棒）で「ペンライト」という意味です。

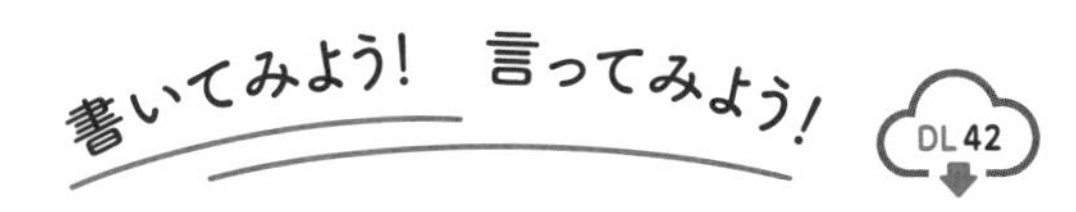

① 好きなグループの名前

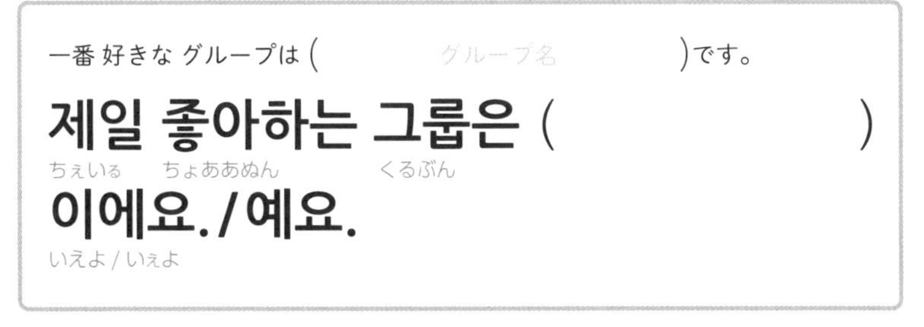

一番 好きな グループは（　　グループ名　　）です。

제일 좋아하는 그룹은 （　　　　　　）
ちぇいる　ちょああぬん　くるぶん

이에요. / 예요.
いえよ / いぇよ

TIPS 日本語の「です」に当たる韓国語は「이에요」「예요」です。
直前にパッチムがある単語が来る場合は이에요を、パッチムがない単語が来る場合は예요を使います。

［パッチムがある単語の例］

一番好きなグループはSEVENTEENです。

제일 좋아하는 그룹은 세븐틴이에요.
ちぇいる　ちょああぬん　くるぶん　せぶんてぃにえよ

[パッチムがない単語の例]

一番好きなグループはNewJeansです。

제일 좋아하는 그룹은 뉴진스예요.

ちぇいる　ちょああぬん　くるぶん　にゅじんすいぇよ

② 好きな曲名

一番 好きな 曲は（　曲名　）です。

제일 좋아하는 노래는（　　　）

ちぇいる　ちょああぬん　のれぬん

이에요./예요.

いえよ / いぇよ

[パッチムがある単語の例]

一番好きな曲はMagic Shopです。

제일 좋아하는 노래는 매직샵이에요.

ちぇいる　ちょああぬん　のれぬん　めじくしゃびえよ

[パッチムがない単語の例]

一番好きな曲はHype Boyです。

제일 좋아하는 노래는 하입 보이예요.

ちぇいる　ちょああぬん　のれぬん　はいぷ　ぽいいぇよ

ドラマ・映画に関する単語

영화 映画
よん　わ

영 화

영화관 映画館
よん　わ　ぐぁん

영 화 관

로맨틱 코미디 ラブコメ
ろ　めん　てぃく　こ　み　でぃ

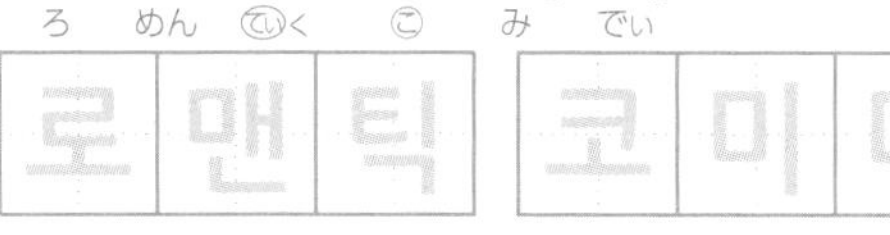

로 맨 틱 코 미 디

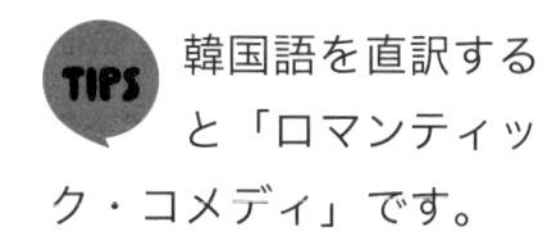

TIPS 韓国語を直訳すると「ロマンティック・コメディ」です。

배우 俳優、女優
ぺ　う

배 우

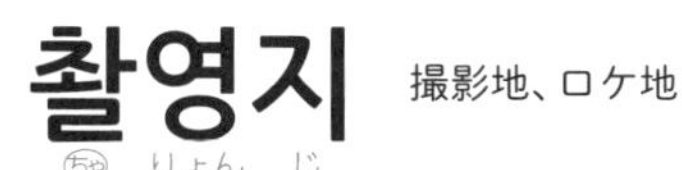

촬영지 撮影地、ロケ地
ちゃ　りょん　じ

촬 영 지

감독 監督
かむ　どく

감 독

드라마 ドラマ
とぅ　ら　ま

드 라 마

사극 歴史ドラマ、時代劇

さ　ぐく

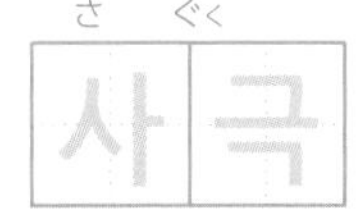

韓国語を直訳すると「史劇」です。

액션 アクション

えく　しょん

濃音化が起きるので、実際の発音は [액쎤] となります。

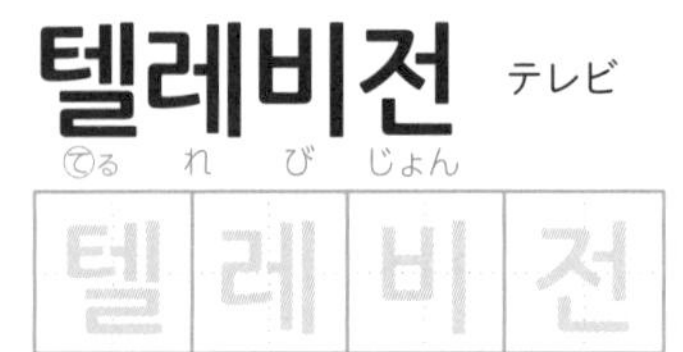

텔레비전 テレビ

てる　れ　び　じょん

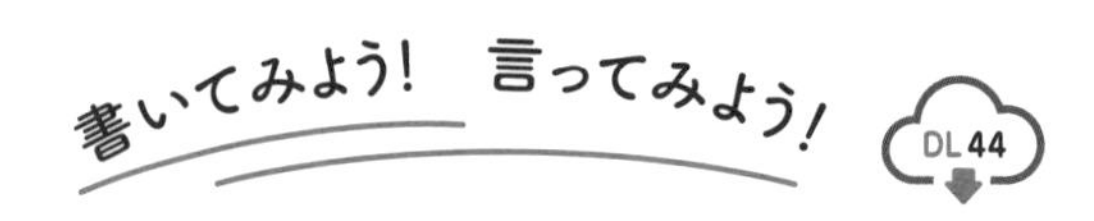

① 好きな俳優や女優の名前

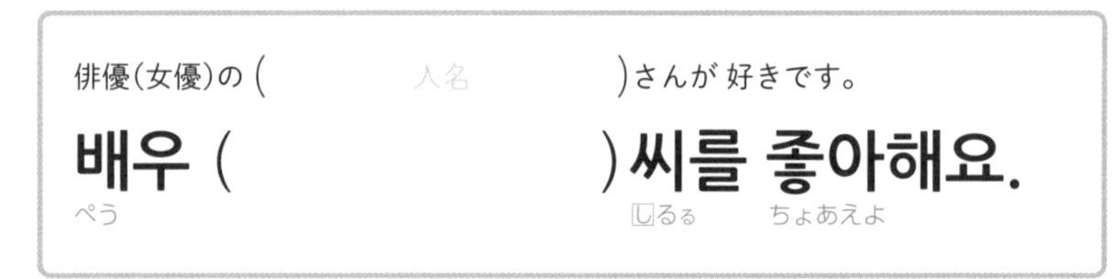

俳優(女優)の (　　人名　　) さんが 好きです。

배우 (　　　　　) 씨를 좋아해요.

ぺう　　　しるる　ちょあえよ

日本語の「〜が好きです」に当たる韓国語は「을 좋아해요」「를 좋아해요」です。直前にパッチムがある単語が来る場合は을 좋아해요を、パッチムがない単語が来る場合は를 좋아해요を使います。
ここでは日本語の「〜さん」に当たる「씨」をつけて言ってみましょう。씨にはパッチムがありませんので、를 좋아해요になりますね！

[パッチムがない単語の例]

俳優のパク・ソジュンさんが好きです。

배우 박서준 씨를 좋아해요.

ぺう　ぱく[そ]じゅん　[し]るる　ちょあえよ

女優のスジさんが好きです。

배우 수지 씨를 좋아해요.

ぺう　すじ　[し]るる　ちょあえよ

②　ドラマ・映画のタイトルやジャンル

(　ドラマ・映画のタイトルやジャンル　)が好きです。

(　　　)을/를 좋아해요.

うる/るる　ちょあえよ

[パッチムがある単語の例]

歴史ドラマが好きです。

사극을 좋아해요.

さぐぐる　ちょあえよ

[パッチムがない単語の例]

「美男(イケメン)ですね」が好きです。

미남이시네요를 좋아해요.

みなみしねよるる　ちょあえよ

推し活に関する単語

최애 最推しのメンバー

ちぇ　え

최 애

TIPS 韓国語を直訳すると「最愛」で、「最も応援しているメンバー」という意味。好きな食べ物や化粧品などにも최애を使ってもOK。

성지 순례 聖地巡り

そん　じ　する　れ

성 지 순 례

TIPS パッチムㄴの次にㄹが来る場合は、パッチムㄴの音が[ㄹ]に変化するので、「するれ」に近い発音になります。

올팬 箱推し

おる　ぺん

올 팬

TIPS all（올）＋ fan（팬）＝올팬。「グループ全体を応援するファン」という意味です。

덕질 推し活

とく　ちる

덕 질

TIPS 実際の発音は[덕찔]となります。（濃音化）

입덕 推し活を始めること

いぷ　とく

입 덕

콘서트 コンサート

こん　そ　とぅ

콘 서 트

팬 ファン

ぺん

팬

팬클럽 ファンクラブ

ぺん くる ろぶ

팬 클 럽

TIPS 英語をハングルで表記するときは、fとpはㅍになります。

팬미팅 ファンミーティング

ぺん み てぃん

팬 미 팅

TIPS 「팬미(ぺんみ)」のように、短く言うことも。

팬사인회 ファンサイン会

ぺん さ い ね

팬 사 인 회

TIPS 「팬사(ぺんさ)」のように、短く言うことも。

① 最推しの名前

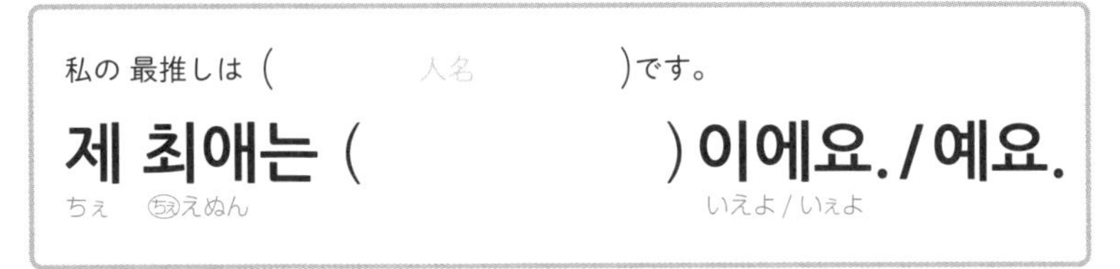

私の 最推しは（ 人名 ）です。

제 최애는 （ ）이에요. / 예요.

ちぇ ちぇえぬん いえよ / いぇよ

［パッチムがある単語の例］

私の最推しはジミンです。

제 최애는 지민이에요.

ちぇ ちぇえぬん ちみにえよ

［パッチムがない単語の例］

私の最推しはリサです。

제 최애는 리사예요.

ちぇ　ちぇえぬん　りさいぇよ

② 行きたいと思っているイベント

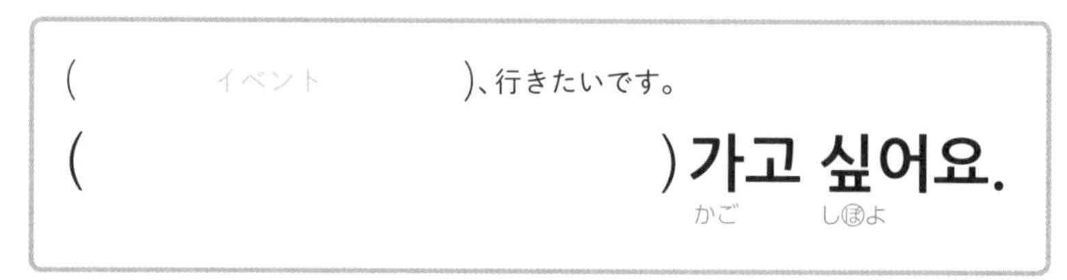

「行きたいです」に当たる韓国語は「가고 싶어요」。その前にイベントの名前を入れれば OK です。例を見てみましょう。

［例］

コンサート、行きたいです。

콘서트 가고 싶어요.

こんそとぅ　かご　しぽよ

ファンサイン会、行きたいです。

팬사인회 가고 싶어요.

ぺんさいね　かご　しぽよ

4 ソウルの観光エリア・場所に関する単語

홍대 弘大（ホンデ）
ほん　で

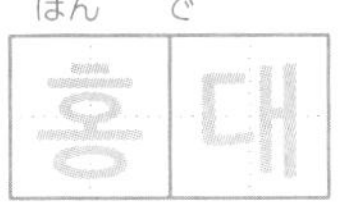

홍 대

가로수길 カロスキル
か　ろ　す　きる

가 로 수 길

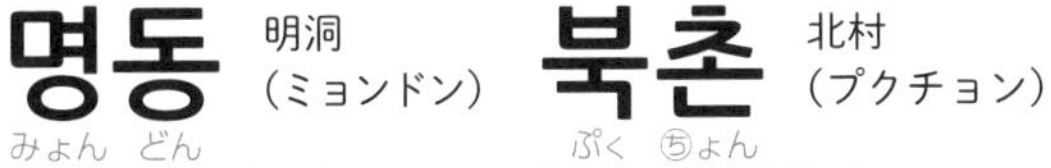

명동 明洞（ミョンドン）
みょん　どん

명 동

북촌 北村（プクチョン）
ぷく　ちょん

북 촌

성수동 聖水洞（ソンスドン）
そん　す　どん

성 수 동

동대문 東大門（トンデムン）
とん　で　むん

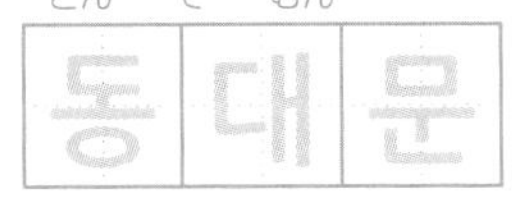

동 대 문

한강 공원 漢江（ハンガン）公園
はん　がん　こん　うぉん

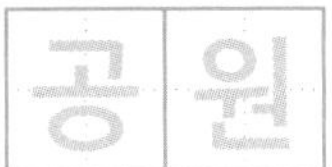

한 강 공 원

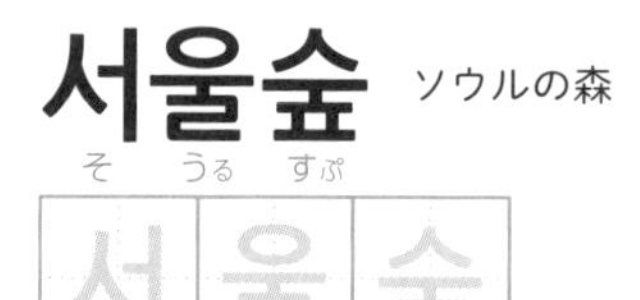

서울숲 ソウルの森
そ　うる　すぷ

용산 龍山（ヨンサン）
よん　さん

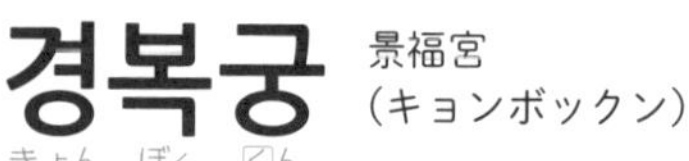

경복궁 景福宮（キョンボックン）
きょん　ぼく　くん

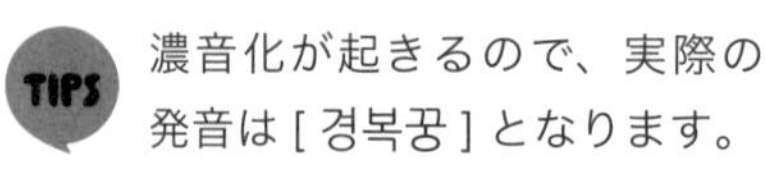

TIPS 濃音化が起きるので、実際の発音は [경복꿍] となります。

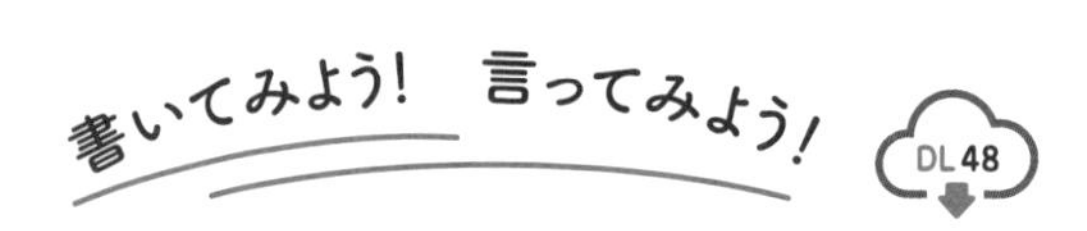

① 行きたい場所

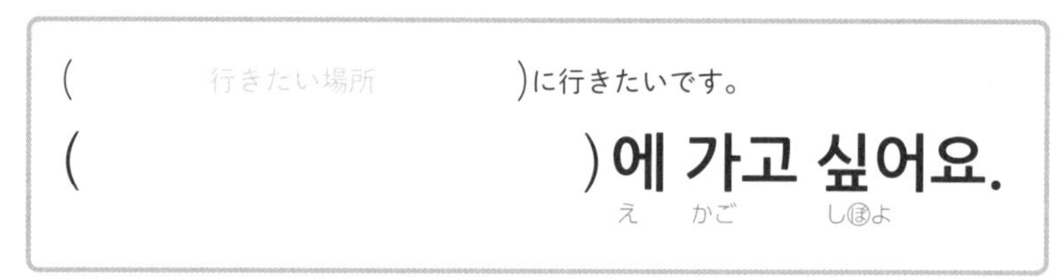

（　　行きたい場所　　）に行きたいです。

（　　　　　　　）에 가고 싶어요.

え　かご　しぽよ

「～に行きたいです」に当たる韓国語は「에 가고 싶어요」。102ページのようなコンサートなどの「イベント」ではなく、「具体的に行きたい場所」を言う場合は、助詞「에（～に）」を入れます。例を見てみましょう。

［例］

ソウルの森に行きたいです。

서울숲에 가고 싶어요.

そうるすぺ　かご　しぽよ

弘大に行きたいです。

홍대에 가고 싶어요.

ほんでえ　かご　しぽよ

② 行った場所

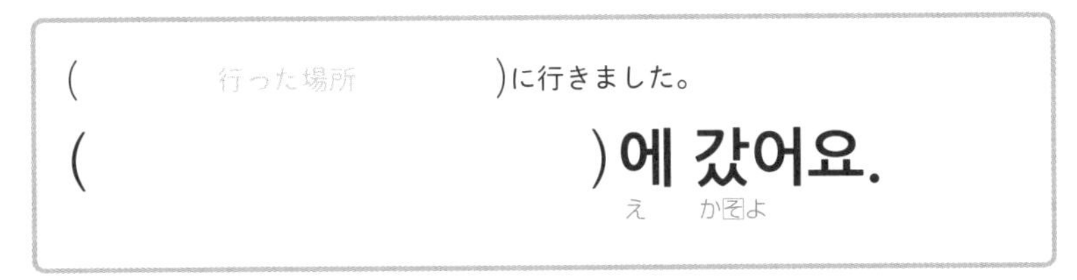

「～に行きました」に当たる韓国語は「에 갔어요」。例を見てみましょう。

［例］

聖水洞に行きました。

성수동에 갔어요.

そんすどんえ　かそよ

東大門に行きました。

동대문에 갔어요.

とんでむね　かそよ

ファッション・コスメに関する単語

DL 49

옷 服
おっ

신발 靴
しん　ばる

가방 かばん
か　ばん

모자 帽子
も　じゃ

양말 靴下
やん　まる

화장품 化粧品
ふぁ　じゃん　ぷむ

마스크팩 シートマスク
ま　す　く　ぺく

化粧水

す きん

스 킨

ポーチ

ぱ う ち

파 우 치

ファンデーション

ぱ うん で い しょん

파 운 데 이 션

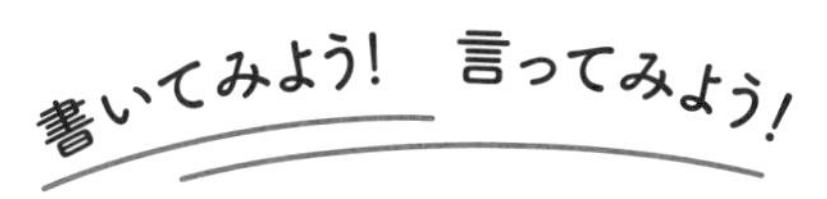

① 買いたいもの

(買いたいもの)を買いたいです。

( )을/를 사고 싶어요.

うる/るる さご しぽよ

日本語の「〜を買いたいです」に当たる韓国語は「을 사고 싶어요」「를 사고 싶어요」です。

直前にパッチムがある単語が来る場合は을 사고 싶어요を、パッチムがない単語が来る場合は를 사고 싶어요を使います。

[パッチムがある単語の例]

服を買いたいです。

옷을 사고 싶어요.

おする さご しぽよ

[パッチムがない単語の例]

帽子を買いたいです。

모자를 사고 싶어요.

もじゃるる　さご　しぽよ

② **最近買ったもの**

(　　最近買ったもの　　)を買いました。

(　　　　　　　　)**을/를 샀어요.**

うる/るる　さそよ

日本語の「～を買いました」に当たる韓国語は「을 샀어요」「를 샀어요」です。

直前にパッチムがある単語が来る場合は을 샀어요を、パッチムがない単語が来る場合は를 샀어요を使います。

[パッチムがある単語の例]

かばんを買いました。

가방을 샀어요.

かばんうる　さそよ

[パッチムがない単語の例]

ポーチを買いました。

파우치를 샀어요.

ぱうちるる　さそよ

韓国の食べ物に関する単語

빙수 かき氷

ぴん　す

붕어빵 ふな焼き（韓国のたい焼き）

ぷん　お　ぱん

호떡 ホットク

ほ　とく

삼겹살 豚の三枚肉（サムギョプサル）

さむ　ぎょぷ　さる

김밥 キンパ

きむ　ぱぷ

핫도그 ハットグ（韓国のアメリカンドッグ）

はっ　と　ぐ

濃音化が起きるので、実際の発音は [핟또그] となります。

양념치킨 ヤンニョムチキン（甘辛ソースのフライドチキン）

やん　にょむ　ち　きん

약과 薬菓（ヤックァ。韓国の伝統菓子）

やっ くぁ

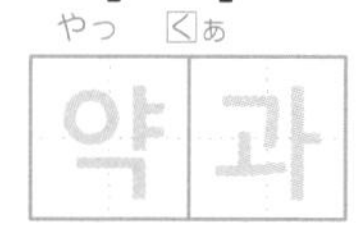

濃音化が起きるので、実際の発音は [약꽈] となります。

떡볶이 トッポッキ

とく ぽ き

濃音化と連音化が起きるので、実際の発音は [떡뽀끼] となります。

김치찌개 キムチチゲ

きむ ち ち げ

김치찌개

① 最高だと思う韓国の食べ物

（ 最高だと思う韓国の食べ物 ）が最高です。

（ ）이/가 최고예요.

い/が ちぇごいぇよ

日本語の「～が最高です」に当たる韓国語は「이 최고예요」「가 최고예요」です。直前にパッチムがある単語が来る場合は이 최고예요を、パッチムがない単語が来る場合は가 최고예요を使います。

［パッチムがある単語の例］

ヤンニョムチキンが最高です。

양념치킨이 최고예요.

やんにょむちきに ちぇごいぇよ

［パッチムがない単語の例］

キムチチゲが最高です。

김치찌개가 최고예요.

きむちぢげが ちぇごいぇよ

② 最近食べた韓国の食べ物

(最近食べた韓国の食べ物)を食べました。

( )을/를 먹었어요.

うる/るる もごそよ

日本語の「～を食べました」に当たる韓国語は「을 먹었어요」「를 먹었어요」です。
直前にパッチムがある単語が来る場合は을 먹었어요を、パッチムがない単語が来る場合は를 먹었어요を使います。

［パッチムがある単語の例］

キンパを食べました。

김밥을 먹었어요.

きむぱぶる もごそよ

［パッチムがない単語の例］

トッポッキを食べました。

떡볶이를 먹었어요.

とくぽきるる もごそよ

手書きでハングルを書くコツ

韓国の友達や推しに手書きでメッセージを書きたい！　そんな人のために、手書きでハングルを書くコツを教えます。

最初は「かわいい」と思う、人が書いた手書きのハングルや、フォント（書体）を真似して練習するのがおすすめです。

子音、母音、パッチムをバランスよく書くというのは少し難しく感じられるかもしれませんが、漢字を書くときと一緒で、練習を重ねていけばきっと上達できます！

それでは早速、数字の１～10（漢字で表すことができる数字。漢数詞）を、ハングルで書きながら練習してみましょう。
３つの、それぞれ異なる雰囲気のハングルを書いてみましたので、参考にしてみてくださいね。

1. かわいいハングルにチャレンジ！

子音を大きめに、母音の線を短めに書くのがポイント！
パッチムの大きさは、上にある子音や母音の幅を超えないように書くと、バランスよく見えます。
下のハングルをなぞってみてください。

TIPS ハングルをサッと書く場合は、ㄹを一筆で書くこともあります。ただし、丁寧な字を書きたいときは一筆で書くのは避けましょう。また、パッチムが２つある場合は、両方同じぐらいのサイズで書くとバランスが取れます。

2. 丁寧で大人っぽいハングルにチャレンジ！

子音を小さめに、母音の線を長めに書くのがポイント！
下のハングルをなぞってみてください。

일 이 삼 사 오
육 칠 팔 구 십

3. 筆記体にチャレンジ！

ノートを取るときや、急いでメモするときは、一部の文字を一筆で書いたり、つなげて書いたりします。また、ハングルを書き慣れている「こなれ感」も出ます。
下のハングルをなぞってみてください。

일 이 삼 사 오
육 칠 팔 구 십

TIPS ㄹやㅁ、ㅂは次のようにつなげて書きます。書き順も参考にしてください。

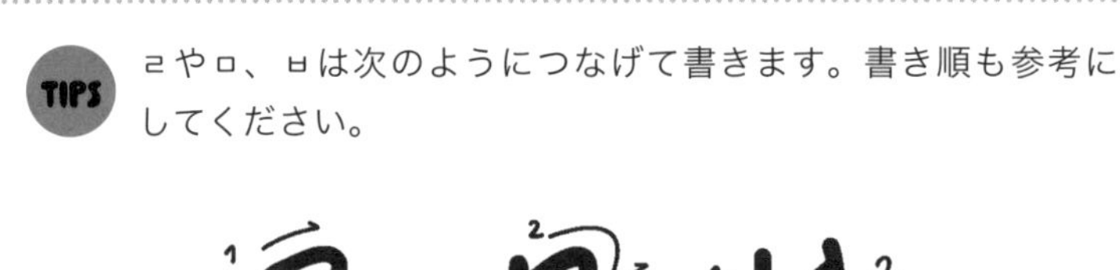

【フォントによるハングルの形の違い】
スマホやPCでハングルを入力すると、フォントによって、一部のハングルの形が少し変わることがあります。「ㅈ」「ㅊ」「ㅎ」がその代表的な例です。

どの形で書いても伝わりますが、いずれも★の書き方が一般的です。

単語とフレーズに
チャレンジ！

PART 5

伝えたい「あのフレーズ」を
ハングルで書いてみよう

あいさつをしたいときや、気持ちを伝えたりしたいときに
使えるフレーズをまとめました。
話すときはもちろん、カードを書くときなどにも役立ちますよ。
なぞって書いて、声に出して言ってみてください。

あいさつ・やりとりに使えるフレーズ

あいさつ

こんにちは。

안녕하세요?

あんにょんあせよ

「안녕하세요 ?」は時間帯に関係なく、いつでも使えるあいさつ言葉です。日本語の「おはようございます」「こんにちは」「こんばんは」、どれにでも訳せます。
하を少し弱めに、「あ」に近い形で発音すると、自然に聞こえます。
なお、気軽な友達同士の場合は「안녕 ?」と言っても OK です。
韓国語では、文の最後に「?」がつくものは疑問文です。一般的に、疑問文は語尾が上がりますが、このフレーズの場合は、上げても上げなくても、どちらでも通じます。

さようなら。

안녕히 가세요.

あんにょんい　がせよ

「안녕히 가세요 .」は違う場所に向かって立ち去る人に対して言う「さようなら」です。韓国語を直訳すると「安寧に行ってください」となります。
히を少し弱めに、「い」に近い形で発音すると、自然に聞こえます。

さようなら。
안녕히 계세요.
あんにょんい　げせよ

「안녕히 계세요.」はその場に残る人に対して言う「さようなら」です。韓国語を直訳すると「安寧にいてください」となります。
히を少し弱めに、「い」に近い形で発音すると、自然に聞こえます。

おやすみなさい。
안녕히 주무세요.
あんにょんい　ちゅむせよ

食事のとき

おなかがすきました。
배고파요.
ぺご㋩よ

いただきます。
잘 먹겠습니다.
ちゃる　もっ[け]っ[す]むにだ

おいしいです。
맛있어요.
まし[そ]よ

連音化によって［마시써요］と発音されます。

おなかがいっぱいです。
배불러요.
ぺぶるろよ

ごちそうさまでした。
잘 먹었습니다.
ちゃる　もごっ[す]むにだ

韓国語の直訳は「よく食べました」となります。

メッセージのやりとり

食事されましたか？

식사하셨어요?

しくさあしょそよ

「こんにちは」のあいさつ代わりにも使われるフレーズです。初対面の人や、目上の人に尋ねるときの表現です。

ごはん食べましたか？

밥 먹었어요?

ぱむ　もごそよ

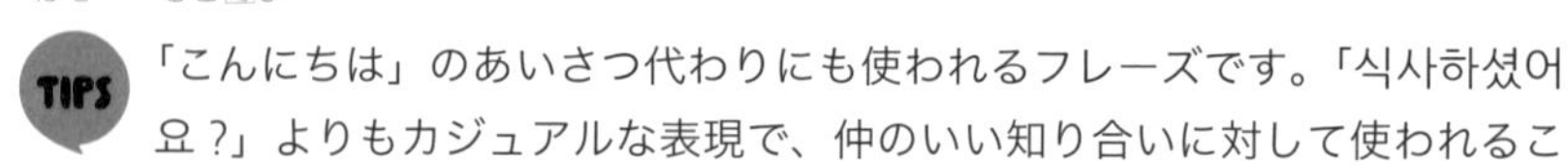

「こんにちは」のあいさつ代わりにも使われるフレーズです。「식사하셨어요？」よりもカジュアルな表現で、仲のいい知り合いに対して使われることが多いです。

お久しぶりです。

오랜만이에요.

おれんまにえよ

元気でしたか？

잘 지냈어요?

ちゃる　ちねそよ

韓国語の直訳は「よく過ごしましたか？」となります。

風邪にお気をつけください。

감기 조심하세요.

かむぎ　ちょしませよ

パッチムㄴ，ㄹ，ㅇ，ㅁの後に続くㅎはほぼ音がなく、連音化して発音されることが多いです。そのため、「조심하세요」も「ちょしむはせよ」よりは「ちょしませよ」のように発音したほうが、より自然に聞こえます。

お体お大事になさってください。

몸조리 잘하세요.

もむじょり　ちゃらせよ

ゆっくり休んでください。

푹 쉬세요.

ぷく　しせよ

濃音化が起きるので、実際の発音は [푹 쒸세요] となります。なお「쉬」は、ハングルのとおりに発音しようとすると「すぅい」に近い音になりますが、実際は「し」に近い音で発音されます。

おやすみなさい。

잘 자요.

ちゃる　じゃよ

117 ページで紹介した「안녕히 주무세요.」よりもカジュアルに使える表現です。

旅行のとき

いくらですか？

얼마예요?

おるまいぇよ

お会計お願いします。

계산해 주세요.

けさねじゅせよ

TIPS 韓国語の直訳は「計算してください」となります。

（店を出るときに、店員に）ありがとうございます。

수고하세요.

すごあせよ

店を出るときによく使うフレーズです。「ありがとうございます」「お仕事頑張ってください」といった意味で使われます。

推しに一言伝えるときのフレーズ

ファンです！
팬이에요!
ぺにえよ

最高です！
최고예요!
ちぇごいぇよ

大好きです。
사랑해요.
さらんえよ

TIPS 「愛しています」と伝えたいときにも大活躍のフレーズですが、推しに気持ちを伝えるときの「大好きです」も、この사랑해요で OK です。

カッコいいです。
멋있어요.
もしそよ

きれいです。
예뻐요.
いぇぽよ

かわいいです。
귀여워요.
きようぉよ

TIPS 「귀」をハングルのとおりに発音しようとすると「くぅい」に近い音になりますが、実際は「き」に近い音で発音されます。

気持ちを伝えるフレーズ

ありがとうございます。

감사합니다.

かむさあむにだ

「감사합니다」は初対面の人や目上の人にも使える丁寧な表現です。

ありがとうございます。

고마워요.

こまうぉよ

「고마워요」は「감사합니다」よりもカジュアルな表現で、仲のいい知り合いに対して使われることが多いです。

ごめんなさい。

죄송합니다.

ちぇそんあむにだ

「죄송합니다」は初対面の人や目上の人にも使える丁寧な表現です。

ごめんなさい。

미안해요.

みあねよ

「미안해요」は「죄송합니다」よりもカジュアルな表現で、仲のいい知り合いに対して使われることが多いです。

好きです。

좋아해요.

ちょあえよ

嫌いです。

싫어해요.

しろえよ

大丈夫です。

괜찮아요.

けんちゃなよ

TIPS パッチムㅎの後ろに母音が続く場合、ㅎは発音しません。そのため、찮のパッチムㄴだけが残り、さらに連音化するので［괜차나요］と発音されます。なお「괜」は、ハングルのとおりに発音しようとすると「くぇん」に近い音になりますが、実際は「けん」に近い音で発音されます。

おめでとうございます。

축하해요.

ちゅかえよ

韓国語を直訳すると「祝賀します」となります。

楽しみです。

기대돼요.

きででよ

「돼」は、ハングルのとおりに発音しようとすると「どえ」に近い音になりますが、実際は「で」に近い音で発音されます。

COLUMN

ハングルのハッシュタグでつぶやいてみよう

韓国のトレンドや行きたいお店をチェックしたり、自分のポスト（投稿）を韓国の人に読んでもらいたいなと思ったときに便利なのが、「ハングルのハッシュタグ」。
ここでは、SNSでよく使われるハッシュタグをご紹介します。
毎日の生活に「韓国語の勉強」を取り入れるいいきっかけになりますので、ぜひ使ってみてください！

#○○맛집

○○おいしい店

まっ ちぷ

「○○」の部分は「食べたい料理名」や「行ってみたいエリア名」を入れればOK！

【例】# 도넛맛집（ドーナツおいしい店）
서울맛집（ソウルおいしい店）

#○○추천

○○おすすめ

ちゅ ちょん

「○○」の部分は「お店」や「行ってみたいエリア名」などを入れればOK！

【例】# 성수카페추천
（聖水カフェおすすめ）
홍대맛집추천
（弘大おいしい店おすすめ）

#핫플

ホットプレイス

はっ ぷる

핫플레이스（ホットプレイス）の略。話題の場所を探したいときに、このハッシュタグを使ってみてください。

#집밥

おうちごはん

ち ぱぷ

「家でみんなどんなごはんを食べているのかな？」「今日の献立が思い浮かばない……」。そんなときに役立ちそうなハッシュタグです。

今日のコーデ
#오오티디
おおてぃでぃ

OOTD(Outfit of the Day)の略。イマドキなコーディネートなどを検索するときに便利なハッシュタグです。

10代コーデ
#10대코디
しぷでこでぃ

数字の部分を入れ替えれば、さまざまな年代の人たちのコーディネートを見ることができます。
【例】**#30 대코디** (30代コーデ)

自然体のスタイル
#꾸안꾸
くあんく

꾸민 듯 안 꾸민 듯 (着飾っているようなそうでないような) の略。ここ数年、韓国で流行している自然体のスタイルのことを指します。

メイク
#메이크업
めいくおぷ

流行のメイクや、流行しているメイク道具などを探すならこのハッシュタグ！
【例】**# 꾸안꾸메이크업**
(自然体メイク)
 # 데일리메이크업
(デイリーメイク)

人生アイテム
#인생템
いんせんてむ

인생 아이템 (人生アイテム) の略。「私の人生一番お気に入りのアイテム」「ベストアイテム」といった意味合いで、よくメイクアップアイテムに使われます。
【例】**인생파데**(人生ファンデ)
※파데は파운데이션(ファンデーション)の略
#인생립(人生リップ)

○○旅行
#○○여행
よえん

「○○」の部分は「国・地域」などを入れればOK!たとえば、自分のソウル旅行をポストしたい場合は「#서울여행」。また、「#일본여행」で検索すると、韓国の人が日本旅行でどこへ行って何をしたいのか、何を食べたいのかが分かるかも。

HUROKU

巻末付録

会話に役立つ発音のルール

反切表

会話に役立つ発音のルール

韓国語には、Part 3で学んだ「発音変化」のほかにも、発音のルールがあります。
ここでは、会話に役立つ発音のルールをいくつか紹介します。

1 ㅎの弱化 は行の発音がほぼ聞こえない!?

母音で終わるハングルの後ろに子音ㅎが来る場合や、パッチムㄴ，ㅁ，ㅇ，ㄹの後ろにㅎが来る場合は、会話ではㅇに近い発音（無音）になることが多いです。これを「ㅎの弱化」と言います。

ㅎをㅇのように弱く発音するほうが会話では自然に聞こえますが、ㅎのまま発音しても問題ありません（特に①の場合）。また、強調して言いたいときなど、ㅎが弱化しない場合もあります。

単語やフレーズで発音変化を確認して、音声を聞きながら声に出して言ってみましょう。

①母音で終わるハングルの後ろに続く場合

＼＼フレーズで覚える！ 発音のルール／／

ありがとうございます。
감사합니다.
かむ さ あむ に だ
[감사암니다]

(店を出るときに、店員に)ありがとうございます。
수고하세요.
す ご あ せ よ
[수고아세요]

②パッチムㄴ，ㅁ，ㅇ，ㄹの後ろに続く場合

★パッチム ㄴ＋ㅎ

ㅎをㅇのように弱く発音することで、実質的に「パッチム ㄴ＋ㅇ」と同じような発音になり、連音化が起こります。

電話
전화
ちょ な
[저놔]

ゆっくり
천천히
ⓒょん ⓒょ に
[천처니]

＼＼フレーズで覚える！ 発音のルール／／

ごめんなさい。
미안해요.
み あ ね よ
[미아내요]

お会計お願いします。
계산해 주세요.
け さ ね じゅ せ よ
[계사내]

★パッチム ㅁ＋ㅎ

ㅎをㅇのように弱く発音することで、実質的に「パッチム ㅁ＋ㅇ」と同じような 発音になり、連音化が起こります。

夜空
밤하늘
ぱ ま ぬる
[바마늘]

翌年
다음해
た う め
[다으매]

\\ フレーズで覚える！ 発音のルール //

風邪にお気をつけください。

감기 조심하세요.

かむ ぎ ちょ し ま せ よ

[조시마세요]

★パッチム ㅇ＋ㅎ

ㅎをㅇのように弱く発音することで、実質的に「パッチム ㅇ＋ㅇ」と同じような発音になります。

映画

영화

よん わ

[영와]

空港

공항

こん あん

[공앙]

\\ フレーズで覚える！ 発音のルール //

こんにちは。

안녕하세요?

あん にょん あ せ よ

[안녕아세요]

大好きです。

사랑해요.

さ らん え よ

[사랑애요]

★パッチム ㄹ＋ㅎ

ㅎをㅇのように弱く発音することで、実質的に「パッチム ㄹ＋ㅇ」と同じような 発音になり、連音化が起こります。

今年

올해

お れ

[오래]

結婚

결혼

きょ ろん

[겨론]

お体お大事になさってください。

몸조리 잘하세요.

もむ じょ り ちゃ ら せ よ

[자라세요]

2 鼻音化 パッチムが柔らかい音になる

パッチムㄱ，ㄷ，ㅂの後ろにㄴ，ㅁが来るとパッチムが柔らかい音になります。これを「鼻音化」といいます。

感謝の気持ちを伝える「**감사합니다.**（ありがとうございます。）」は、ハングルで書かれているままに一文字ずつ読むと「**감**（かむ）」「**사**（さ）」「**합**（はぷ）」「**니**（に）」「**다**（だ）」です。

합のパッチムㅂの後ろに、ㄴから始まる**니**が来ていますね。この場合、パッチムㅂがㅁの音に変化します。
そのため、**합니**の発音は［はぷに］ではなく［はむに］になります。

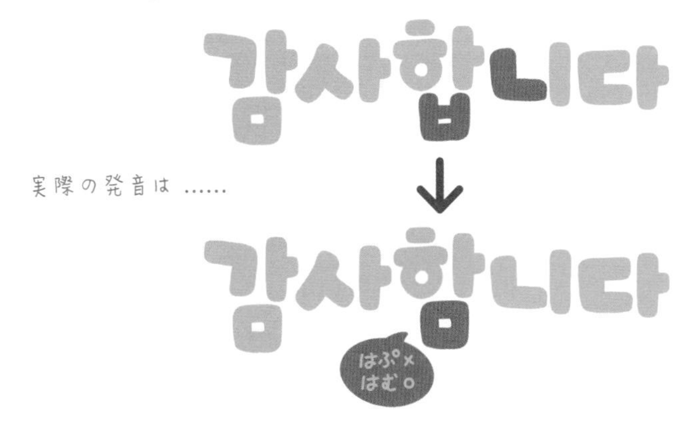

ハングルの綴りどおりに口を動かすと、自然とその音が出るものが多いですので、安心してくださいね。単語やフレーズで発音変化を確認して、音声を聞きながら声に出して言ってみましょう。

①パッチムがㅇの音になる場合

パッチムㄱ（パッチムになるとㄱと同じ発音になるㄲ，ㅋおよびㄱと発音する二重パッチムを含む）の後ろにㄴ，ㅁが来ると、パッチムㄱはㅇの音に変化します。例を見てみましょう。

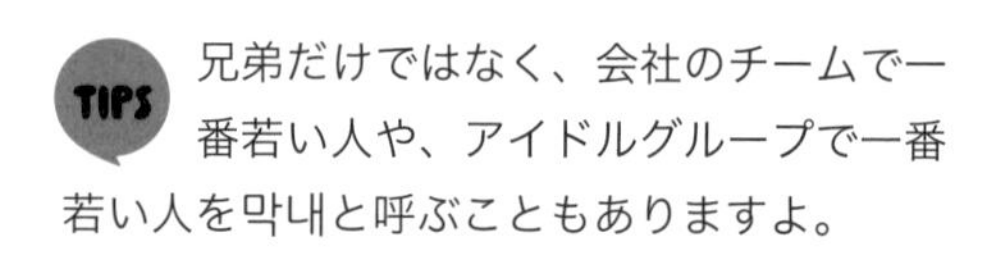

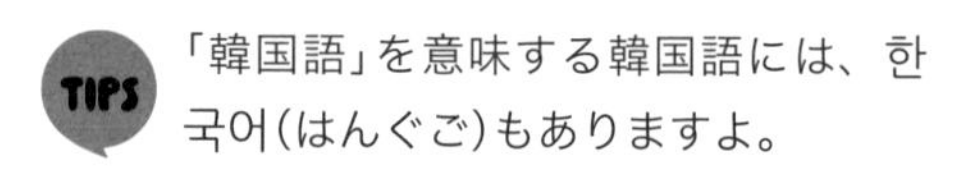

②パッチムがㄴの音になる場合

パッチムㄷ（パッチムになると、ㄷと同じ発音になるㅌ，ㅅ，ㅆ，ㅈ，ㅊ，ㅎを含む）の後ろにㄴ，ㅁが来ると、パッチムㄷはㄴの音に変化します。

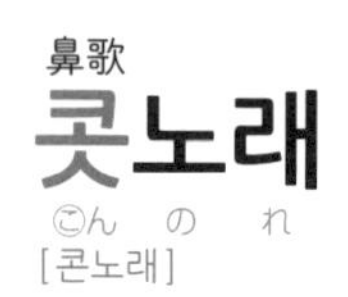

\\ フレーズで覚える！ 発音のルール //

食べられません。

못 먹어요.

もん　も　ご　よ

[몬]

③パッチムがㅁの音になる場合

パッチムㅂ（パッチムになると、ㅂと同じ発音になるㅍおよびㅂと発音する二重パッチムを含む）の後ろにㄴ，ㅁが来ると、パッチムㅂはㅁの音に変化します。

給料日

월급날

うぉる　ぐむ　なる

[월금날]

前髪

앞머리

あむ　も　り

[암머리]

TIPS 암(あむ)で口を閉じて、口を開けながら머(も)と発音しますので、実際は「あんもり」に近い発音に聞こえます。

\\ フレーズで覚える！ 発音のルール //

ありがとうございます。

감사합니다.

かむ　さ　あむ　に　だ

[감사암니다]

ごはん食べましたか？（あいさつ代わりにも使われる）

밥 먹었어요?

ぱむ　も　ごっ　そ　よ

[밤]

3 激音化 ㅎの前後を確認！

ㅎの前か後にㄱ，ㄷ，ㅂ，ㅈが来るとき、ㄱ，ㄷ，ㅂ，ㅈはそれぞれ、ㅎと合わさって激音のㅋ，ㅌ，ㅍ，ㅊの音に変わります。これを「激音化」といいます。

祝福の気持ちを伝える「**축하합니다.**（おめでとうございます。）」は、ハングルで書かれているままに一文字ずつ読むと「**축**（ⓒゅく）」「**하**（は）」「**합**（はぷ）」「**니**（に）」「**다**（だ）」です。

축のパッチム**ㄱ**の後ろに、**ㅎ**から始まる**하**が来ていますね。この場合、**ㄱ**と**ㅎ**が合わさって激音化が起こるので、**ㄱ**が**ㅋ**の音に変わります。そのため、**축하**の発音は［ⓒゅくは］ではなく［ちゅⓚ］になります。

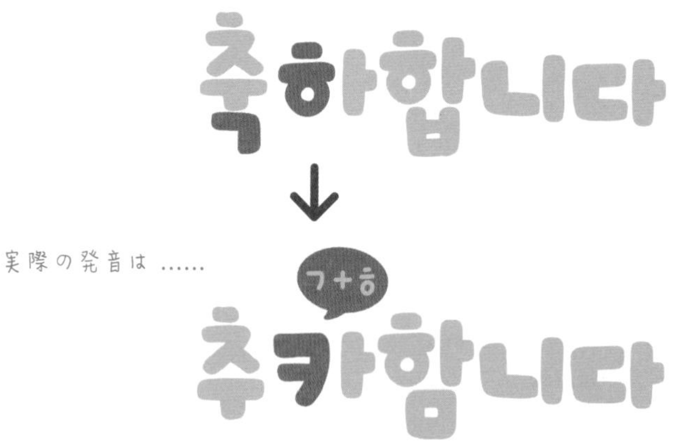

単語やフレーズで発音変化を確認して、音声を聞きながら声に出して言ってみましょう。

①パッチムㄱ, ㄷ, ㅂ, ㅈ + ㅎ → ㅋ, ㅌ, ㅍ, ㅊ

デパート、百貨店

ぺ ㋕ じょむ
[배콰점]

ヒップホップ
힙합
ひ (ぱ)ぷ
[히팝]

当てる

ま ㋠ だ
[마치다]

②パッチムㅎ + ㄱ, ㄷ, ㅂ, ㅈ → ㅋ, ㅌ, ㅍ, ㅊ

良い

ちょ ㋟
[조타]

白い
하얗다
は や ㋟
[하야타]

なるほど、そうなんだ

く ろ ㋗ な
[그러쿠나]

だけど、そうだけど
그렇지만
く ろ ㋠ まん
[그러치만]

反切表

子音＼母音	ㅏ（あ）	ㅑ（や）	ㅓ（お）	ㅕ（よ）
ㄱ（か行、が行）	가	갸	거	겨
ㄴ（な行）	나	냐	너	녀
ㄷ（た行、だ行）	다	댜	더	뎌
ㄹ（ら行）	라	랴	러	려
ㅁ（ま行）	마	먀	머	며
ㅂ（ぱ行、ば行）	바	뱌	버	벼
ㅅ（さ行）	사	샤	서	셔
ㅇ（無音） ＊ㅇパッチムの場合は「ん」	아	야	어	여
ㅈ（ちゃ行、じゃ行）	자	쟈	저	져
ㅊ（ちゃ行）	차	챠	처	쳐
ㅋ（か行）	카	캬	커	켜
ㅌ（た行）	타	탸	터	텨
ㅍ（ぱ行）	파	퍄	퍼	펴
ㅎ（は行）	하	햐	허	혀

母音と子音、激音を組み合わせた表のことを「反切表」といいます。
この表で、母音と子音の基本的な組み合わせを確認しましょう。

	ㅗ (お)	ㅛ (よ)	ㅜ (う)	ㅠ (ゆ)	ㅡ (う)	ㅣ (い)
	고	교	구	규	그	기
	노	뇨	누	뉴	느	니
	도	됴	두	듀	드	디
	로	료	루	류	르	리
	모	묘	무	뮤	므	미
	보	뵤	부	뷰	브	비
	소	쇼	수	슈	스	시
	오	요	우	유	으	이
	조	죠	주	쥬	즈	지
	초	쵸	추	츄	츠	치
	코	쿄	쿠	큐	크	키
	토	툐	추	츄	트	티
	포	표	푸	퓨	프	피
	호	효	후	휴	흐	히

イ・ダヒ

韓国語講師。韓国・大邱在住。ネイティブ視点からの韓国語に関する動画をYouTubeに投稿し、人気を博している。著書に『推したい私の韓国語』（ワニブックス）、『瞬間！韓国語会話エクササイズ』（KADOKAWA）がある。本書ではイラストも担当。
YouTube ▶ 이다희:-D A H E E channel

音と文字がつながる　はじめてのハングルレッスン

発行日　：2023年12月4日

著者　：イ・ダヒ
編集　：株式会社アルク　出版編集部
校正　：河井佳

デザイン・DTP：洪永愛（Studio H2）
イラスト　：イ・ダヒ

ナレーション：李美賢、菊地信子
録音・編集　：株式会社メディアスタイリスト

印刷・製本　：シナノ印刷株式会社

発行者　：天野智之
発行所　：株式会社アルク
〒102-0073　東京都千代田区九段北4-2-6　市ヶ谷ビル
Website：https://www.alc.co.jp/

落丁本、乱丁本は弊社にてお取替えいたしております。
Webお問い合わせフォームにてご連絡ください。
https://www.alc.co.jp/inquiry/

PC：7023051　ISBN：978-4-7574-4077-7